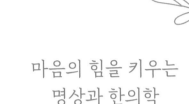

마음의 힘을 키우는
명상과 한의학

정신과 의사는
당신에게
관심이 없다

한의학 박사 **곽 병 준**

박영story

목차

Part 03 · 더 나은 정신을 위한 출발 · 139

정신과 의사는 당신에게 관심이 없다

- 마음의 힘을 키우는 명상과 한의학 -

서론

서론

당신을 진지하게 대하는 사람은,
반드시 당신의 미래에 관심이 있다.

우울하거나, 머리가 아프거나, 이유 없는 신체적 고통을 겪고
있거나, 잠을 못자거나, 숨이 차고 가슴이 답답하며, 호흡이 되지
않을 때, 그리고 부정적인 감정과 정서에서 벗어나지 못할 때,
또는 내 삶이 나의 통제력을 벗어났다 싶을 때, 나 스스로가 내
맘대로 되지 않고 알지도 못하는 어떤 흐름에 휩쓸려서 떠내려간
다고 느낄 때, 그리고 그것이 신체의 여러 불편함과 함께할 때,
우리는 신경정신과를 찾게 됩니다.

그럼 열심히 신경정신과 의사 선생님이 처방해주는 약을 꾸준히 먹어가며, 지시대로 믿고 기다리면 치료가 될까요?

여러분이 원하는 치료는 어떤 것인가요?

우리는 아프기 전의 모습으로 돌아갈 수 있거나, 자신의 삶을 더 즐겁고 열정적으로 살아가며, 원하는 것을 이루는, 지치지 않는 모습을 보여줄 수 있을까요?

정신과 의사 선생님의 말만 믿고 따르면 다시 기쁘게 웃을 수 있을까요?

오랫동안 정신과 질환을 위주로 진료를 해오면서, 많은 고통받는 사람들을 봐왔습니다.

그중에, 대부분의 분들은 서양의학적인 정신과 치료를 받고 있는 분들, 즉 정신과 약물을 복용하고 있는 분들이었습니다. 이 분들은 짧게는 수개월, 길게는 수십 년에 이르는 기간 동안 약물치료를 받아왔지만, 안타깝게도 시간이 흐를수록 삶의 질은 점점 나빠지고 있는 것을 지켜볼 수 있었습니다.

물론 정신과 약물치료에도 순작용이 있습니다.

대표적인 순작용으로는 고통이 심할 때 잠시 진통을 시켜주며, 그로 인해 본인과 주변 사람들이 한숨 돌릴 수 있는 여유를 주기도 합니다.

그러나 분명한 것은, 그러한 약물치료에만 의존한다면, 되돌릴 수 없는 아까운 시간을 낭비하게 된다는 것입니다. 그 약물을 오래 먹는다고 해서, 의욕과 열정이 다시 생기고, 용기가 나며, 인생의 보다 높은 목표에 도전하고 싶은 마음이 일어나지는 않습니다.

오히려 시간이 지날수록 약물에 더 둔감해지며, 약의 용량을 늘려야 하는 경우도 생기며, 다행히 고통스런 상황이 지나서 약물을 중단하게 되었다고 하더라도, 다음에 밀려오는 인생의 파도를 더 약해진 상태로 맞이하게 돼서, 결국엔 다시 약물에 의존하게 되는 삶을 반복하게 되는 경우도 많이 봤습니다.

그럼 어떻게 해야 할까요?

어떻게 해야 우리는 다시 기쁨을 찾고, 생동감 있으며, 긍정적인 에너지를 뿜어낼 수 있을까요? 앞으로 우리에게 살아가는 데 꼭 필요한 것은 어떤 것일까요?

저는 지금 정신과 치료를 받고 있거나, 그 언저리에 있는 분들을 생각하며 이 글을 씁니다.

그러면서 오래된, 변하지 않는 교훈을 떠올립니다.

"자신의 미래는 자신이 챙겨야 합니다."
고통과 불안에 둔감해지는 것도 때론 필요하지만, 더 지속 가능하고 나은 행복을 위해서는,
인생의 목표와 어려움에 도전할 수 있는 용기와 회복력, 그리고 체력이 필요합니다.

이 글은 정신과 약물치료의 한계가 올 수밖에 없는 원인과, 인간정신에 대한 이해, 그리고 신경정신과 질환의 근본적인 치료에 대해 이해하실 수 있도록 정리한 것입니다.

더 나아가서 스스로 정신력과 판단력을 강화할 수 있는 방법도 제시합니다.

모두가 더 건강하고, 총명한 세상을 위해서.

제원한의원 원장

곽병준

정신과 의사는 당신에게 관심이 없다
- 마음의 힘을 키우는 명상과 한의학 -

PART

01

정신과 의사는
당신에게 관심이 없다

A

신경정신과 질환의 치료 목표는
기쁨과 열정, 자신감의 회복이다

여기가 만약 정신과 진료실이라고 상상을 해봅니다.

당신은 두통과 어지러움, 가슴 답답함, 그리고 의욕 없음 때문에 이 진료실을 찾았습니다.

물론 이 진료실에 들어오기 전에 여러 가지 정신과의 설문지에 답했을 것입니다. 그리고 다음과 같은 대화를 의사와 나누게 될 것입니다.

1차 진료 시간입니다

당신: 머리가 항상 맑지 않고요, 가슴이 답답하고, 숨 쉴 때 힘들어요. 그 외에 어깨도 무겁고요, 소화도 안됩니다. 왠지 의욕이 없는 것 같습니다.

의사: 네, 우울증이신 거 같아요. 최근에 스트레스가 심했던 거 같습니다. 약을 처방해드릴 테니 꾸준히 드시고요~, 스트레스를 줄여보세요.

당신: 네, 그런데 뭘 하려고 하면 이상하게 의욕이 안나요.

의사: 네, 우울증이라서 그런 것입니다. 약을 처방해드릴 테니 드시면 됩니다.

당신: 아뇨, 딱히 기분이 우울하지는 않고 그냥 피곤하고, 이상하게 멍한 것 같은데요.

의사: 네, 우울증이에요. 약을 드세요.
일단 약을 드시고 반응을 봐야 합니다.
다음 예약을 잡아드릴테니, 그때 다시 상담하시죠.

2차 진료 시간입니다

당신: 아직도 비슷한데요. 특별히 좋아진 것은 없는 것 같습니다.

의사: 그런가요? 그럼 약의 양을 늘려봅시다.
스트레스는 좀 줄이셨나요? 약은 어쨌든 꾸준히 드세요.

당신: 정신과 약은 오래 먹으면 안된다던데…, 괜찮을까요?

의사: 걱정 안하셔도 됩니다. 부작용은 없습니다.

당신: 그러고 보니 약을 먹고 난 다음부터 잠을 깊이 못자고
목마름도 심해진 것 같습니다. 약 먹는 것과 관계가 있을까요?

의사: 관계가 있을 수도 있고, 없을 수도 있어요. 환자의 상태나 체질에 따라서요.
약간의 부작용은 있을 수도 있는데, 치료를 위해서는 참아야 되는 것도 있습니다.
정, 심해지면 다음에 약을 바꿔드릴게요.

3차 진료 시간입니다

의사: 어떻게 지내셨습니까?

당신: 기분은 좀 나아진 것 같기도 합니다, 좀 편해진 것 같기도 하고요.
그런데 머리가 좀 멍하고, 낮에도 좀 졸립니다.
무기력한 건 더 심해진 것 같습니다만….

의사: 네, 점차 더 좋아질 겁니다.

당신: 그럼 이 약을 언제까지 먹어야 할까요?

의사: 일단은 계속 복용하셔야 합니다. 경과를 지켜봐야 하고요.

당신: 그럼 약을 계속 먹으면 완치될 수 있을까요?

의사: 네, 꾸준하게 약을 드세요

약간의 생략이 있지만, 의사와 환자의 대화는, 거의 이런 패턴으로 이어집니다.

환자가 각종 신체적 불편함을 호소해도, "참아야 합니다", "받아들여야 합니다"로 마무리 됩니다.

정신과 약물치료에 대한 환자의 불안감 토로에는 "괜찮습니다", "몸에 나쁘지 않은 것입니다"로 대화가 이어지고, 제일 중요한, "언제까지 약을 먹으면 치료가 될까요?" 같은 치료기간에 대한 질문은 제대로 된 답을 돌려받기가 힘듭니다.

어떤 병에 걸렸든지 간에, 환자의 입장에서는, 제일 원하는 것이 "제대로 된 치료를 받는 것"이며, 두 번째로 궁금한 것은 "치료를 얼마나 받으면 끝이 나는지?", "치료 후에 다시 나빠질 가능성이 있는지?", "재발 가능성은 어떻게 되는지?", 즉 "언제쯤 제대로 완치가 될 것인지"입니다.

환자는 말 그대로 "치료가 되기"를 원하는 겁니다.

그러나 신경정신과 상담을 받아본 분들은 경험했겠지만, 우울증, 공황장애, 불면증 등의 신경정신과 질환에 대한 현재의 접근법은 그런 궁금증에 답을 주지를 않습니다. 오히려 회복에 대한 환자의 기대치를 낮추도록 하기도 합니다.

그럼, 신경정신과 질환에 있어서 제대로 된 치료란 어떤 것을 말하는 걸까요?

사실 신경정신과 치료 과정 중에 완치나 회복에 대한 절대적인 기준은 없습니다. 환자가 "좋아졌어요!"라고 말한다면, 그것이 기준이 되며 치료 결과가 됩니다. 완치나 회복에 대한 의사의 기준이나 판단 근거 없이, 환자가 좋아졌다고 스스로 자백한다면, 그것이 호전 진단의 근거가 되고 치료 결과가 됩니다.

그러니 주변을 돌아보면 한번 수면제를 먹었다가 5년이든 10년이든 계속 먹고 있는 사람들, 우울증약을 먹고 있음에도 불구하고 사회생활을 못하고 집안에서 유배당한 것 같이 사는 사람들이 많습니다.

또 처방 받은 약물을 인터넷에 검색만 해봐도 부작용이 상당한 것을 확인할 수 있습니다. 그런데도 힘겹게 의사에게 부작용에 대해서 질문을 하면 "괜찮아요. 별 문제없어요"라는 대답뿐입니다. 분명히 부작용이 있다고 적혀 있는데, 부작용이 없는 것처럼 대답합니다.

"그러면 한의학으로, 침과 한약으로 신경정신과 질환을 치료할 수 있습니까?"라고 물으시는 분들이 많습니다.

그런 질문은, 제가 처음으로 한방신경정신과 진료를 시작한 20여 년 전이나, 지금이나 별반 변하지 않고 똑같습니다. 과연 한의원에서 공황장애나 우울증, 불면증, 강박증 등을 치료할 수 있는지 물어보는 정도라면, 그래도 양호한 편이라고 할 수 있고, 아예 상상조차 못하시는 분들이 허다합니다.

그래도 한방신경정신과가 한의과대학 부속 한방병원에 당당히 한 진료과목으로 자리를 잡고 있고, 개원가에서도 한방신경정신과 치료를 표방하는 곳들이 여럿 있는 것은, 그런 병원을 찾아주는 환자분들이 있으니까이고, 병원들이 계속 유지되고 있는 것은, 그래도 이 치료에 만족하는 분들이 있기 때문일 것이라고 생각하는 것이 합리적이지 않을까요?

서양의학적 신경정신과 질환 치료 방법도 있는데, 왜 이 분들은 굳이 한의학적인 치료를 원하는 걸까요? 분명히 신경정신과에서 채워주지 못하는 이 분들의 욕구가 한의학에서 채워지고, 해결되어지는 부분이 있어서일 것입니다.

이 분들은 대체로, 신경정신과에서 치료를 받아도, 삶의 질이 회복되지는 않는 것 같다는 이야기를 많이 합니다.

우울증약을 먹으면 마음은 안정되는 것 같지만, 그래도 기쁘다거나 활력이 솟는 것 같지는 않다고 합니다. 공황장애치료를 받아도 여전히 조마조마하게 생활해야 하는 것은 같으며, 수면제를 먹어도 계속 피곤하고 몽롱한 것은 있다고 합니다. 비슷한 내용의 환자분들의 하소연을 지난 20여 년 동안 꾸준히 들어왔습니다. 이런 불만은 지난 20년 동안 거의 달라지지 않았습니다.

그럼 지난 20여 년 동안에 그래도 달라진 게 있지는 않을까요?
제가 진료를 시작했던 시절에는, 환자분들의 나이가 대체로 많았던 것으로 기억이 납니다. 특히 50대 이후의 여성분들이 많았었는데, 점차 연령대가 낮아지기 시작하더니, 최근에는 20대와 10대가 압도적으로 많습니다. 과거에는 시댁이나 남편과의 갈등 등으로 인한 일종의 '홧병'에 따른 부가 증상들, 즉 우울증이나 신경증의 신체화 증상 등 때문에 찾아오셨다면, 요즘엔 공황장애와 무기력, 어지럼증 등을 호소하시는 분들이 상대적으로 많아졌습니다.

이런 시대적 변화와 내원하는 환자 그룹의 달라진 차이를 고려하여 대략적으로 나눈다면, 과거는 과잉 항진으로 인해 발병한 분들이 많고, 현재는 스트레스에 따른 지침이라든가, 정신 에너지의 탈진으로 인한 경우가 늘어났다는 점일 것입니다. 그러니까 과거에는 감정적으로 상처받는 분들이 많았다는 것이며, 현재에는 정신적, 이성적 과로로 인한 경우가 많아졌다고 할 수 있겠습니다.
그럼 이런 환자들에 대한 의료진들의 대응 방식의 수준은 어떻게 변화되었을까요?
유감스럽게도, 시간이 변하고 세대가 변하고 문화가 변하고,

산업이 변하고, 가족관계가 변하는 등 모든 것들이 변하는 동안 이런 환자분들을 대하는 병원의 마음, 이런 질병들에 대처하는 병원의 자세와 대응 방법은 크게 변화가 없는 듯합니다.

정신과 의사는 환자에게 진정한 관심이 없습니다.

만약 당신이 정신과의 질병을 가지고 있고, 치료를 시도한다고 가정해봅시다.

그 과정에서 당신은 정신과 의사는 당신에게 큰 관심이 없다는 것을 금방 느낄 수 있습니다.

정신과 의사는 정말 당신에게 관심이 없을까요?

일단, '관심'이란 단어는 무엇을 말하는 것일까요? 사전적 의미로는 "주의를 기울이고 있다", "집중하고 있다" 이런 뜻입니다. 그러나 우리가 일반적으로 말하는 관심은 "주의를 기울이고 있다 ＋당신에게 호의를 갖고 있다" 이렇게 해석되는 것이 맞을 것입니다.

우리는 의사가 환자인 우리에게 관심이 있기를 바랍니다.

의사가 이타적인 사람이기를 바라고, 자신의 개인적 이득을 따지지 않고, 환자인 우리의 이익을 큰 관점에서 생각해주기를 바라기 때문입니다.

그런데, 자동차를 당신에게 판매하려는 사람은, 당신에게 관심이 있을까요, 없을까요?

분명 당신에게 관심이 있을 겁니다.

그러나 그 관심이란 것은 당신의 구매의욕에 관한 것입니다. 당신에게 열정적으로 자동차를 판매하고 싶어하며, 당신의 구매력, 취향에는 세심히 주의를 기울이고 있지만, 그 자동차가 당신에게 과연 필요한 것인지, 당신이 그 찻값을 감당할 경제력이 있는지, 당신에게 이 자동차가 얼마나 생산적인 면에 도움이 될지, 당신의 라이프스타일에, 당신의 미래의 이익에 이 자동차가 도움이 될지, 그런 정도까지 관심이 있는 것은 아닐 겁니다.

당신 자신이 스스로를 생각하듯이, 당신 가족이 당신에게 하듯이 신경을 써주지는 않을 것이라는 것은 누구나 짐작할 수 있습니다. 그리고, 당신은 당신에게 자동차를 판매하려는 사람들에게 그런 것까지 신경써달라고 요구할 수 있는 권리도 사실상 없습니다. 그들은 당신 자신이나 가족이 아닌 남이고 타인이기 때문입니다.

그러나 당신과 당신의 가족은 달라야 하지 않을까요? "이 자동차가 우리에게 맞는 것인지, 지금 이 차가 꼭 필요한 것인지? 우리 가족이 감당할 수 있을지?" 등에 대해 깊이 고려해야 합니다. 당신은 당신 자신과 가족들의 미래를 짊어질 책임이 있고, 그러니 관심을 가져야 합니다.

즉 당신과 당신의 가족들은, 당신과 함께하는 미래에 관심이 있습니다. 당신과 당신의 가족들은 당신의 미래를 함께 책임질 준비가 되어 있습니다.

여기까지는 지극히 당연한 이야기들입니다.

그러나 의료 분야─질병의 치료 특히 육체적 건강뿐만 아니라 정신적인 부분에까지 광범위하게 행해지고 있는 치료와, 치료의 결과를 평가하는 방식인, 환자의 예후(미래에 대한 부분)까지 살펴본다면 자동차를 구입한다든지 하는 일들과는 다른 면들이 존재한다는 것을 알게 됩니다.

예를 들어, 우리가 몸이 아파서 병원에 가게 된다면, 그 이유는 무엇일까요?

"아프지 않기 위해서", "질병을 치료하기 위해서", "더 큰 문제를 미리 예방하기 위해서"라고 대답한다면 80점 정도는 줄 수 있습니다.

그러나 좀 더 큰 관점에서 다시 봅시다. 아픈 사람, 질병에 걸린 사람에게 초점을 맞춰봅시다. 그 사람이 하나의 환자 단위, 그러니까 숫자가 아닌, "삶을 가진 존재"라고 다시 인식하고 질문에 대한 답을 해본다면, 바로 자기 자신이 몸이 불편하다고 가정을 한다면, 사람들이 왜 치료를 받는가에 대한 것은, "보다 나은 삶"을 살기 위해서라고 할 수 있습니다. 크게 양보해서 최저 기대치로 답을 한다고 해도 아프기 전의 삶, 아프기 전의 생활력으로, 아프기 전의 몸의 느낌으로 돌아가기 위해서라는 것을 느낄 수 있습니다.

사람들의 삶, 개인에게 각각 할당된 소중한 자신만의 삶이란, "밥 먹고, 일하고, 돈을 버는 것이 인생"이라든지 하는 말로도 단순화시킬 수 없고, 실업율이나 물가상승률, GDP 등의 수치로만도 대체할 수 없는, 사람마다 다른 방향성과 목적성, 그리고 가치가 있습니다.

누구나 자신이 원하는 것이 있고, 그 원하는 것을 이루기 위해 다들 열심히 노력하고 있으며, 스스로 판단해서 부족한 부분은 '자기계발'이란 이름 아래 각자가 열심히 보충하려고 하면서 살고 있습니다. 자신의 삶을 더 풍요롭게 하고, 자신의 뜻하는 바대로 만들기 위해서, 삶을 확장하기 위해서.

그럼 바로 이 부분, 먹고 쉬고 자는 삶이 아닌, 목표를 위해 나아가는 삶을 위해 의료는 얼마나 도움이 되고 있을까요?

오랜 시간 동안 신경정신계열의 불편함을 겪어온 분들과 대화를 나누면서, 확실히 알게 된 것이 하나 있습니다. 이 증상, 이 질병, 이 불편함은, 바로 그 환자분 한 사람의 미래를 잡아먹는다는 것을. 인생을 낭비하게 만든다는 것을 말입니다.

이런 신경정신과 질환들이 다른 육체적 질병들과 다른 점은, 인지기능의 저하가 필수적으로 먼저 나타난다는 점입니다. 대체로 정신적 시야(사고)의 폭이 자신도 모르는 사이에 좁아져서, 인생의 소소한 선택을 해야 하는 과정에서부터 시작되어서, 중요한 결정에 이르기까지 편협하고 충동적인 결정을 자주 내리게 되게 됩니다.

더군다나 창의력, 순발력, 새로운 시도에 대한 열린 마음 같은 사회생활에서 정신적 능력의 우월성을 드러나게 해줄 수 있는 보다 고차원적인 기능이 먼저 심각한 침해를 받게 됩니다, 그 결과로, 두드러지게 뛰어난 사람은 한 단계 아래의 평범한 사람으로, 평범한 사람은 느리고 부족하고 총기 없는 사람으로 살아가게 됩니다. 인지기능이 저하된다는 것은 이런 결과를 가져옵니다.

그럼 현재의 신경정신과의 약물치료는 당신을 더 총기있고 용기있는 사람, 아니면 최소한 예전의 당신 모습으로라도 회복시켜 줄 수 있을까요?

많은 사람들이 선택하고 있는 신경정신과의 약물치료는 이런 인지 기능 저하를 더 쉽게 심해지게 만들고 있습니다. 현재 이런 질병들에 대한 주된 치료 방법인 양방신경정신과의 약물치료법들은, 과거 한때 유행했었고, 지금은 이미 그 한계에 대한 인식이 뚜렷해진 진통제 계열의 치료와 비슷한 수준이라고 할 수 있습니다.

예전에, 지금보다 40~50년 전에는 진통제가 주된 치료제였습니다. 허리가 아파도, 머리가 아파도, 생리통이 있어도, 잇몸이 아파도, 진통제가 첫 번째 선택이었습니다. 그리고 아무도 진통제 우선의 치료에 이의를 제기하지 않았습니다.

일단 빨리 통증이 없어져야 일을 할 수가 있었기 때문에, 진통제로 급한 통증을 차단하면서, 실질적인 문제를 덮어버리고 후속 치료 없이 방치했었습니다. 당연히 병은 더 깊어져가고, 점점 더 커져가는 육체적 손상에 대해서는 생각하지를 않았습니다. 물론 그런 결과를 미리 고려할 수도 없는 낮은 생활수준과, 그런 사회 경제적 건강에 대한 인식 부족이 심한 시대이긴 했었습니다만, 의학이 충분히 발달하지 못한 부분도 있습니다.

이는 당시에 경제적인 수준이 그런 부분까지 고려하지 못할 정도로 빈약한 상황이었음도 있고, 당시의 산업 발달 수준이라는 것이, 인간의 노동이라는 것이 통증만 없으면 할 수 있는, 즉 질적인 노동력은 크게 중요하지 않는, 경제 발전 과정의 낮은 산업 성숙도와 관련이 있다고 할 수도 있습니다.

그러나 오늘날 이런 진통제류의 치료가 다른 질병 치료 분야들에서는 거의 사라졌거나, 그 위험성과 한계를 뚜렷이 인지하고 있는데 비해서, 신경정신과에서는 유달리 변화가 더딘 상황입니다.

만약 어깨가 아픈 사람이 있다면, 요즘에는 환자건 의사건, 이 질환의 치료 과정에 대한 평가를 할 때, 통증의 유무, 즉 아픈지, 아프지 않은지를 먼저 확인하겠지만, 그 다음엔 어깨 관절이 과거—아프지 않을 때에 비해서 얼마나 운동 능력이 회복되었는지, 관절의 운동 범위가 예전 수준으로 넓어졌는지를 신경 쓸 것입니다.

그런데 만약 당신이 우울증이거나, 공황장애 등의 질병을 앓아서, 정신과의 치료를 받아본 적이 있다면 서점에서 볼 수 있는 책이나 TV 속 드라마와는 다른 다음과 같은 현실을 잘 알고 있을 것입니다.

진료 시간 동안에 기다란 상담용 의자에 누워서 정신 분석을 받거나 내면의 이야기를 하게 되는 경우는 상당히 드뭅니다. 대부분의 경우 약물치료를 권유받게 됩니다. 그리고 그 다음 진료 시간부터는 질문만을 듣게 될 것입니다. "기분이 어떠시냐?" "발작이 있었느냐?"

그렇습니다. "우울한지 아닌지?" "발작이 있었는지 없었는지?" 그런 질문만 있습니다.

그리고 당신이 대답하는 방향에 따라 의사의 대응도 단순할 정도로 달라집니다.

별로 변화가 없다고 대답한다면, 먹어야 하는 약의 갯수가 늘어나거나, 아예 약이 바뀌거나 합니다. 당신이 "기분이 좋다"고 한다면 그냥 그대로 계속 진행하게 됩니다. 그런데 의사는 당신의 대답에만 관심을 보이는 모습입니다. 오직 당신의 증상에만, 그것도 당신이 대답하는 단어에만 관심이 있을 뿐입니다. 당신의 자백만이 증거입니다.

당신이 예전처럼 의욕이 나는지, 도전적인지, 열정이 다시 생겼는지, 그런 종합적인 면에는 관심을 보이고 있지 않습니다.

또한 언제까지 약을 먹어야 하는지, 의사의 지시대로 따르면 예전의 나로 돌아갈 수 있는지에 대한 대답이라든가, 환자가 활용하지 못하고 있는 삶에 대한 염려도 없습니다. "그게 뭐 어떠냐"라고 말할 수도 있겠습니다만, 그러나 실제 진료의 내용과 결과를 관찰하고 분석해보면, 당신의 대답이 얼마나 진실성이 있는지는 중요하지가 않다는 것을 알 수 있습니다.

그들은 당신에게서 "좋다"라는 대답을 듣기만 하면 되는 것입니다. 그 진료실에서 당신이 얼마나 자발적으로, 얼마나 자신감 있게, 열정적으로 "좋다"라고 이야기 하는지에 대한 평가 항목은 없습니다. 당신이 항우울제 등으로, 항불안제 등으로 머리가 멍하고 온몸이 나른해져서, 의사의 질문에 수동적으로 "YES"라고 대답해도, 당신의 대답은 질적인 고려 없이 "치료가 긍정적으로 되고 있다"는 신호로 받아들여지게 됩니다.

그리고 이런 형태의 진료 방식에는 당신의 가족이나 보호자가 한몫을 하고 있는 경우가 많습니다. 정신과 환자의 경우 가까이에 있는 가족들이 환자 다음으로 힘든 경우가 대부분입니다. 예를 들어, 우울증 환자는 항상 무표정하거나 활기 없는 모습으로 집안 분위기를 가라앉혀서 힘들게 하고, 일상생활에 비협조적인 모습을 보입니다. 더군다나 공황장애나 불안장애의 경우 가족들에게 끊임없이 불편하다는 하소연을 합니다.

그러므로 정신과 의사와 보호자의 합치되는 욕구는, "환자가 '불편하다'는 표시를 드러내지 않는 것" "주변 사람들을 힘들게 하지 않는 것"입니다. 환자가 실제로 얼마나 질적으로 회복했는지는 중요하지 않습니다. 꿰다 놓은 보릿자루처럼, 아니면 먼지만 쌓여 있고 잘 치지 않는 피아노처럼 저 창고 구석에서 아무 소리 내지 않고 가만히만 있으면, 다른 사람에게 신경만 쓰이게 하지 않으면 "치료가 잘되고 있다"고 생각을 하고, 또 그것이 옳다고 믿으려고 합니다.

설사, 환자인 당신이 머리가 멍하고 혼란스러워 아무 생각도 할 수 없고 팔다리가 나른해서 움직일 수가 없어도, 주변 사람이나 의사에게 힘들다고 호소하지만 않으면 됩니다. 즉 가족에게 부담만 주지 않으면, 신경만 쓰이지 않게 하면 됩니다.

그런데 보호자들 중에도 환자가 표현하지 않는 부작용에 대해 말씀하는 분들이 있습니다.

"하루 종일 늘어져 있어요"
"의욕 없고 멍한 것 같아요"
"식욕이 전혀 없어진 것 같아요"
"괴로워하는 건 덜한 거 같은데, 어쩐지 사람이 이상해졌어요"

만약 이런 설명을 해주는 보호자가 없다면, 가족의 암묵적인 동의를 받았다고 판단하고, 정신과 의사는 당신 자체에게는 관심이 없어지게 됩니다. 마치 자동차 판매사원이 판매 실적에만 관심이 있는 것처럼, 당신이 주변 사람들만 힘들게 하지 않으면 당신의 케이스를 성공적인 치료 결과로 포장하게 됩니다.

정신과 의사는 당신의 증상에 대한 당신의 의사표시만 중요한 증거로 채택할 뿐입니다. 설사 그것이 수동적이고, 몽롱한 무기력한 상태에서의 답변일지라도 크게 상관없는 일입니다. 환자인 당신의 꿈과 열정, 사회적 능력의 회복에는 크게 관심이 없게 됩

니다. 오히려 당신이 당신의 가족과 보호자에게 피해를 주는지에
더 관심이 있을 뿐입니다.

그것이 현대 정신의학의 시작이고 오늘날 암묵적으로 이루어
지고 있는 사회적 합의입니다.

"정신과 의사는 당신에게 크게 관심이 없다"
"정신과 의사는 당신의 주변 사람에게만 관심이 있다"

심지어 이렇게 말해도 가능한 수준입니다.

그렇다고 서양의학을 기반으로 한 신경정신과의 치료 자체가
필요 없다는 주장을 하려는 것은 아닙니다. 때로는 신경정신과의
진통제 성격의 치료가 필요할 때도 있습니다. 다만 그것만을 믿
고 당신의 고유한 인생을 거는 것은 옳지 못하다라는 이야기를
하고 싶을 뿐입니다.

왜 신경정신과의 약물치료가 한계가 뚜렷한지, 왜 다른 목표
설정이 필요하고, 그걸 이루기 위한 방법은 무엇인지는 앞으로
차차 설명하겠습니다.

우리는 좀 더 나은 삶을 살기 위해 노력해야 합니다. 그리고
그런 삶을 살기 위해서는 꼭 필요한 것이 있습니다. 잊지 말아야
할, 그렇지만 잊기 쉬운, 삶의 기본적인 것에 대한 이야기가 필
요합니다.

B

신경정신과의 대표적인 질환들과
그에 대한 치료 상황

1. 우울증

"의욕 저하와 우울감을 주요 증상으로 하여 다양한 인지 및 정신 신체적 증상을 일으켜 일상 기능의 저하를 가져오는 질환"

인터넷에서 검색하면 우울증의 정의가 이렇게 나옵니다.

이것을 분석하면, "의욕 저하와 우울감을 환자가 호소하는," 그러면서도 "환자에게 다양한 인지 및 정신 신체적 증상을 일으키는" 질환이라고 할 수 있습니다.

즉 "환자가 호소하는 기분＋환자가 불편하다고 하는 신체 증상"의 조합이 이 우울증의 정의입니다. 즉 우울증이란 증상의 모음입니다. 병의 원인이 아닙니다.

우울증의 원인에 대한 설명을 찾아보면 다음과 같은 '분류'가 나옵니다.

① 생화학적 원인
② 유전적 원인
③ 환경적 원인

이렇게 분류되어 있는데, 보기에는 그럴듯해 보여도, 실제로는 이 셋 사이를 어떻게 구별한다는 기준이 없습니다. 즉 이 세 가지는 "이렇게 추정한다"는 것입니다. 이걸 가지고 실제 치료 과정에서 환자들의 케이스를 분류하고, 이에 맞는 치료 방법을 제시하는 것은 아닙니다. 왜 이렇게 밖에 못하느냐면, 우울증을 비롯한 신경정신과 질환들이란 상당히 복잡한 병이기 때문입니다.

'우울증'이라는 단어는, 지금은 인식이 많이 나아졌지만, 예전에는 정신적인 나약함, 특히 감정적인 분야의 문제인 것으로 인식되었습니다.

일반적으로 영화나 소설, 드라마 속에서 묘사되어왔던 우울증을 앓고 있는 사람들의 모습은, 늘 어두운 표정을 짓고서 자신만의 상처가 우주에서 제일 크고 깊은 척을 하고 있는, 주변에서 내밀어준 손을 잡으면 금방 빠져나올 수 있는 간단한 것을, 혼자서는 절대 못하고 있는, 그런 나약하면서도 유아병적인 사람들입니다. 주변 사람들이 "힘내라"라고 말하거나, 다정하게 밥 한 끼를 사주면, "네, 고맙습니다. 모든게 좋아졌어요"라는 대답을 할 것 같은 사람들, 그런 상상을 모두 하고 있습니다.

이런 상황을 보면서 의미 있게 느껴지는 것이 있습니다. 바로, 인간은 아직 다른 사람의 복잡성을 인지하는 데에 많은 어려움을 겪고 있다는 사실입니다. 하기야 자기 자신도 자신의 본심을 잘 모르는데, 남의 마음속 상태를 어떻게 잘 알 수 있을까요. 그런 면에서 보면, 『논어』에 나오는 "기소불욕 물시어인(己所不欲 勿施於人)"이란 말이 참 곱씹을수록 깊은 맛이 있는 표현입니다. "내가 싫은 일을 남에게 시키지 마라"라는 뜻입니다.

그래서 다른 사람의 우울증에 대해서 "뭐 그까짓 걸 가지고!" 하는 식으로 접근하는 분들에게, 특히 청소년 우울증 아이들의 부모님들에게 이렇게 물어보는 경우가 많습니다.

"선생님께서 괴롭거나 어려울 때, 친구분이 와서 '힘내라!'라고 하거나, 저녁을 한 끼 사준다면, 선생님도 씻은 듯이 마음이 홀가분하고 가벼워지며 힘이 나세요?"

그런 물음에 대부분이 이렇게 답을 합니다.

"그 정도로 해결될 문제 같았으면 괴롭지도 않았습니다!!"

이런 식으로, 타인의 어려움은 간단하게 생각하고, 자신의 고민은 태산같이 생각하는 것이 세상 인심 또는 인간 마음의 표준이기도 합니다만, 우울증이란 그리 단순한 문제가 아닙니다.

왜냐면, 인간은 누구나 다 행복해지기를 원하고, 그래서 나름대로는 최선을 다해서 살고 있기 때문입니다. 그런데 잊지 말아야 할 것이, 어떤 어리석은 선택을 하더라도, 당시의 그 사람의 상황에서는, 그 사람이 보기에는, 그 사람의 컨디션에서는, 그 선택이 최선인 것처럼 스스로 느껴졌기 때문이라는 것입니다. 어느 누구도 자신이 알고 있는 수많은 선택지 중에서, 차선이나 차차선을 선택하지는 않습니다. 자기가 아는 것 중에서는 최선을 선택합니다.

그리고 이런 사실이 우울증 환자분들에게 한의학이 반드시 도움이 되리라 확신하는 이유입니다.

우울증의 특징은 내 '몸'이란 전체로서의 시스템 안에서 일어나는 생산성의 저하입니다.

인간의 인체는 유기화학을 바탕으로 한 물질적인 복합체입니다(의식이라는 것이 있어도).

이 시스템은 그 안에서도 크게, 소프트웨어적인 면을 담당하는 부분과 하드웨어적인 장기(臟器)와 내분비계 등으로 나눕니다. 이런 하드웨어와 소프트웨어의 융합체로서의 활성도의 저하, 생산성의 저하가 우울증으로 나타나는 것입니다.

그래서 우울증의 증상으로 정신적 활력 저하, 신체적 무기력과 그로 인한 신체적 불편 등이 함께 나타납니다.

이런 경우에 서양의학의 신경정신과에서 대처하는 방법은 크게 약물치료와 심리치료 두 가지로 나눌 수 있습니다.

여기서 심리치료의 효과에 대해서는 뒷부분에 다루기로 하겠습니다. 사실, 일반적으로 가장 많이 선택되는 치료법이 약물치료입니다. 즉 항우울제를 투여하는 방법입니다. 약물치료에 쓰이는 약품들을 크게 나누자면, 삼환계 항우울제, 모노아민 산화효소 저해제, 선택적 세로토닌 재흡수 억제제, 세로토닌 노르에피네프린 재흡수 억제제 등입니다.

이 약물들이 우울증치료에 선택되는 이유라든지, 약물이 증상에 작용하는 원리에 대한 설명 들을 잘 읽어보면, 우리 몸 속의 화학물질들인 세로토닌, 노르에피네프린, 도파민 등이 우울증과 관련되어 있는 물질로 보이므로, 이 물질들의 작용과 농도를 조절하는 것이다라고 되어 있습니다. 이렇게 설명을 읽으면 굉장히 과학적이고, 이 약을 먹으면 반드시 좋은 결과가 있을 것 같습니다만, 모든 약에는 부작용이 있습니다.

환자분들 중에는 약물의 부작용을, 약이 올바른 약효를 나타내지 않고, 몸에 맞지 않았을 때 나타나는 잘못된 약물 선택의 결과 —즉 약의 부정적 작용, 또는 오답일 때의 작용이라고 생각하시는 분들이 있는데, 그건 사실과 완전히 다른 생각입니다. 약물의 부작용이란, 사이드 이펙트(side effect), 즉 약물의 주작용과 언제나 동반되어서 나타나는, 음식점의 밑반찬 같은 것입니다. 그러므로 부작용이란 나타나거나 안 나타나는 것이 아니고, 드러나거나 드러나지 않거나 하는 것입니다.

이러한 부작용이 나타나는 이유는 약물이 작용하는 원리를 정확하게 알지 못하고 있기 때문입니다.

우울증약의 설명 중에서 "세로토닌과 도파민의 농도를 조절하기 위함"이라고 되어 있는 부분에 대해서, 일반인들은 마치 방정식처럼, 이런 정도의 우울증에는 세로토닌과 도파민이 이런 수치로 변화가 있으니, 해당하는 정확한 용량이 이미 결정되어져 있고, 거기에 맞는, 정답으로 작용하는, 약물의 선택과 용량의 선택은 해답처럼 나와 있다. 이렇게 생각하고 있습니다.

안타깝지만, 이것은 완전히 사실과 다른 이야기로, 약물과, 약물치료 기전, 약물의 용량 선택 등 치료의 모든 과정에서, 옳다 그르다, 맞다 틀리다 등 절대적인 기준이 있는 것처럼 보인다는 것이 문제입니다. 이것은 방정식의 과정이 아닙니다. X값을 구하는 방식이 아닙니다.

일단 우울증과 관련되어져 있다고 생각되고 있지만, 세로토닌과 도파민, 노르에피네프린 등이 정상인에 비해서 부족한 용량이 얼마인지, 그리고 그 결과치와 환자의 증상 발현과의 관계를 수치상으로 밝혀내지 못하고 있을 뿐더러, 투약량을 결정하는 과정조차, 몸무게 얼마, 신진대사율 얼마, 우울감의 크기 얼마, 현재 주변 상황 얼마 하는 식의 변수를 고려한 계산에 의해 결정되는 것이 아닙니다.

일단 환자들에게 임상에서 투여했을 때 몇 퍼센트의 사람들이

"변화가 있는 것 같아요"라고 말을 했는지에 따라 관계자들이 회의와 합의를 거듭하면서 용량을 의논해서 투여하고 또 결과를 기대해보는 것입니다. 간단하게 요약하자면, 남의 입소문만 믿고 하는 주식 투자 같은 것입니다.

마치 조그마한 못을 박기 위해서, 작은 망치로 두드리려면 정확도가 떨어지므로 거대한 해머로 일단 내려치는 것과 같습니다. 당연히 못 뿐만 아니라 주변까지 충격을 주며, 더군다나 정확한 용량을 계산으로 알 수 없으므로. 일단 한번 내려친 다음 결과를 보고 힘 조절—용량 조절을 하는 것입니다.

다르게 비유하자면, 사실 약물치료라는 것은 커다란 연못에 떠 있는 목표물을 향해 돌을 던지는 것과 같은 것입니다. 돌이 목표물을 맞히면 "약의 효과가 나타난 것"이라고 볼 수 있습니다. 하지만, 설사 목표물을 맞혔다 하더라도 연못의 수면에는 동심원의 파문이 퍼져나가는 것이 당연한 일입니다. 다만 당시 바람의 세기라든지, 연못마다의 수질 차이 등의 특성에 따라 파문이 퍼져나가는 형태가 크거나, 작거나, 편향적이거나 하는 차이가 있을 뿐이지, 파문 자체가 없는 경우는 없습니다.

이렇게 하다보면, 한두 번 정도는 목표물을 정확히 맞추고도 파문이 멀리 안 퍼지는 경우도 있을 수 있습니다만, 오랜 시간 반복해서 돌을 던지게 되면 결국엔 평균에 수렴해서 연못 전체로 파문이 번지게 됩니다. 그러므로 처음엔 부작용이 적거나 없거나, 크거나 차이가 있지만, 장기 복용해야 하는 약물의 경우 평균적인 부작용에 수렴하게 되는 것입니다. 이는 정신과뿐만 아니라 모든 양약치료 과정에서 벌어지는 현상인데, 일단 정신과에서 좀 더 심하게 나타납니다.

그런데 이 '부작용'이란 것들을 잘 살펴볼 필요가 있습니다.

우울증약들의 부작용을 일단 나열해보면, 대체로 위장장애, 졸림, 무력감, 말이 어눌해짐, 숨쉬기가 어려움, 불규칙한 심장박동, 입이 마름, 성욕 감퇴 등이 있습니다. 우스개로 신경이 연결된 곳은 모두 나타나는 셈입니다.

인터넷에서 '항우울제 부작용'으로 검색하기만 해도 나타나는 다양한 사례들도 아래에 소개해본다면

① 프로작 복용 후 몸이 저리고, 심한 불면증에 시달리며, 가끔 심장이 두근거림
② 프리스틱 복용 후 머리가 아프고, 눈의 초점이 맞지 않는다
③ 프리스틱 복용 후 머리카락이 심하게 빠진다
④ 씨프람 복용 후 집중력이 저하됐고, 두통과 식욕부진에 시달림
⑤ 센시발 복용 후 입이 마르고, 시야가 이상해짐
⑥ 졸로프트 복용 후 감각이상, 두통, 어지러움, 이명, 시각장애 발생

이렇게 다양한 증상들이 나타납니다.

그리고 항우울제를 복용하고 난 다음 날 하루 종일 멍하고 정신 못차렸다, 어지러웠다 등은 셀 수 없이 나타나는 증상들입니다.

이 중에서 우리가 깊게 관찰해야 하는 부작용은 졸림, 무력감,

말이 어눌해짐 등 주로 지능저하와 관련된 증상들입니다. 이렇게 항우울제가 잘못 작용했을 때 부작용이 나타나는 것이 아니라, 항우울제 효과의 때론 뒷배경에 숨어서, 때론 옆에서 드러나는 식으로, 항상 같이 나타나고 있는 것입니다. 또한 우울증 환자 중에는 항우울제의 효과가 없는 경우도 상당히 높은 비율로 나타나고 있습니다.

그러면 항우울제의 효과는 어떤 걸까요?

항우울제를 복용하는 환자분들이 바라는 효과는, 우울감과 무기력감이 줄어들고, 정서적, 신체적 활력이 생기는 것일 겁니다. 그런데 역설적으로, 항우울제의 부작용 중에는 졸림과 무력감이 있습니다. 항우울제를 복용한 후 정신을 잃었다는 분들이 있는 것도 이 때문입니다.

종합해보면, 항우울제는 활력을 되찾아주는 약이 아닙니다. 항우울제는 감각을 누그러뜨려 둔하게 만드는 약으로, 졸림과 무력감은 그 과정에서 느끼게 되는 일종의 탈력감 같은 것입니다. 실제로 일반적인 진통제가 잘 듣지 않는 만성통증질환에서 항우울제가 진통제로서 많이 사용되고 있습니다. 그래서 많은 사람들이 항우울제를 복용한 후 무력감, 무기력감을 느꼈다고 말하는 것입니다.

그런데 어느 정도의 시간이 지나 그에 적응하면, 이후엔 마음이 편안해졌다고 하는 경우도 있습니다. 이는 실제로는 마음이 "편안해진 것"이 아니라 "편안해진 것 같은 것"입니다. 활기차고 생기가 오르는 것이 아닙니다. 일종의 '도피'라고 할 수도 있습니다.

그래서 이런 항우울제로 얻은 편안함은 가볍고 힘있는 마음이 아니라, 김이 빠진 탄산음료 같은 밍밍한 마음입니다. 이런 부작용들과, "효과 있는 것 같은 효과 없음"은 현재 수준에서는 필연적으로 나타날 수 밖에 없습니다. 세로토닌, 노르에피네프린, 도파민 등의 물질이 관여되어 있는 것은 사실이지만, 실제로 그들이 어떻게 작동하는지, 중간대사 과정의 물질인지 최종 물질인지는 파악되지 않았습니다. 결정적으로 이 화학물질들이 참여하고 있는 인체 내 생화학적 작용 방식의 전체 정보가 전혀 밝혀지지 않은 데에서 필연적으로 생길 수 밖에 없는 것입니다.

이런 현실의 내면을 현대적 화학공업이나, 기계공학, 전자공학 등에 비교해 보시길 바랍니다. 그러면 현재의 최신 뇌과학이라는 것과 그에 기반한 약물치료라는 것 자체가 어처구니없게도 낙후되고 뒤떨어져 있다는 것을 깨닫고 깜짝 놀라게 됩니다.

현재의 뇌 관련 약물요법들은 심하게 말하자면 예전에 TV나 라디오의 수신 상태가 좋지 않을 때 퉁퉁 때려서 부품들의 접촉 불량을 해소하던 걸 연상시키는 수준입니다. 예를 들어, 도파민이 잘 분비되지 않으면 그 원인은 무엇인지부터 찾아봐야 합니다.

그런데 현실은 다릅니다. 도파민의 생성을 조절하는 인자들은 무엇이며, 그러한 인자들 각각이 서로에게 어떤 영향을 미치는지, 몸 안의 신경 네트워크를 통해 연결되어 있는 다른 모든 신체 부위들과 어떤 피드백을 주고 받는지, 또한 개인별 신경의 감수성과 신경망의 특이성에 따라 각자의 의식에 미치는 영향은 어떨지, 이런 것들이 실시간으로 어떻게 서로 영향을 주고받는지 등이 전혀 파악되지 않았습니다. 이런 상태에서 약물을 투입하고 있는 것입니다.

이것이, 켜지지 않는 컴퓨터에 110V부터 330V까지 전원을 마구잡이로 연결해보는 것과 다른 것은 무엇일까요? 그러므로 일부 특이성이 있는 환자들에게는 심각한 부작용으로 나타나고 있는 것입니다.

그것이 정신과 의사들의 잘못이라거나, 항우울제를 비롯한 뇌 조절 관련 약물들이 원죄가 있다는 이야기를 하려는 것이 아닙니다. 뇌의 신경 조절 관련 계통의 정보들은 인간 문명보다 훨씬 방대하고 상상 너머의 것이므로, 현재의 과학 수준이 발전하고는 있다고 하더라도 우리가 화학요법에 기대하는 기대치보다는, 상당히 낙후되어 있는 것이 사실입니다.

그래서 항우울제는 완전하지도 않으며, 부작용이 많은 것입니다. 환자에게 활력을 되찾아주기보다는 일종의 '감정용 진통제'처럼, 감각을 한 톤 낮춰서 무디게 만들어, 모든 걸 포기한 사람의 평온함이나 흉내내게 만드는 약일 뿐입니다.

물론 이런 '감정용 진통제' 같은 약물들이 다 필요 없는 것은 아닙니다. 꼭 선택해야 하는 경우도 있습니다. 지금 당장 마음의 고통이 너무 심하다면 어쩔 수 없이 잠시 무뎌져야 할 때도 있습니다. 다만 이런 약을 장기 복용하는 것은 진통제에 취해서 아픈 부위를 사용하지 않고 시간을 보내는 것과 같습니다.

결국 이런 약물에 의존한다는 것은 자신의 감정만 무디게 할 뿐만 아니라 인지기능의 범위와 선명함도 낮춰서 스스로 둔한 사람이 되겠다고 하는 것과 같습니다.

그래서 항우울제를 장기 복용하면서 사회생활을 하겠다는 것은 스스로 머리가 둔해지는 핸디캡을 갖고 살겠다는 것입니다.

실제로 저희 병원에 내원했었던 환자분을 사례로 소개해보겠습니다.

그분은 30대 후반의 여성으로, 자녀 2명을 키우며 직장생활을 하고 있었습니다.

5년 전쯤 직장에서 힘든 일들이 연이어 터졌고, 아이들 보육 문제 그리고 남편과의 갈등에 시달렸다고 합니다. 당시 너무 지치고, 모든 일이 귀찮아져서 정신과에서 상담을 받았다고 합니다. 이 분도 우울증 진단을 받은 뒤 계속해서 약물치료를 하고 있는 중이었습니다.

일단 항우울제를 처방 받아서 복용한 후에는 특별한 느낌은 못 받았고, 힘든 느낌이 조금 덜하다는 생각은 했다고 합니다. 하지만 시간이 지날수록 정신이 없는 것 같고, 무의식 중에 주변 사람을 의식하게 되고, 작은 일이라도 새로운 일을 하려고 하면 짜증이 엄청났다고 합니다. 증상이 호전된 듯해서 약물치료를 중단하려고 시도한 적도 몇 번 있으나, 그때마다 다시 처음처럼 증상이 올라와서 끊을 수가 없었다고 합니다. 이후 친정과의 사이에 신경쓰이는 일이 좀 있고 난 뒤부터 손발이 떨리고 말을 더듬게 되었다고 합니다.

그러자 신경정신과에서는 기존의 항우울제에 더해서 항불안제를 처방해주었다고 합니다. 손떨림은 조금 덜한 것도 같지만, 말을 더듬는 것과 순간순간 어지러운 것은 여전하다고 합니다. 그러니 아이들이 조금만 소리를 내도 신경이 예민해지고 짜증을 많이 내서 아이들도 힘들어하게 되었습니다.

치료 후기도 있지만 이 부분은 생략하고, 한 가지의 예이지만, 여기에 알려드리고 싶은 거의 모든 것이 포함되어 있습니다.

일단 항우울제를 처방 받으면 기분이 좋아지고 활력이 생기는 것이 아니라, '견딜 만해지는' 것입니다.

즉 항우울제는 우울증 환자를 '무덤덤하게 만드는' 진통제의 역할을 하는 약입니다.

그리고 항우울제를 오래 먹는다고 해서, 정신력이 튼튼해지는 것도 아니라는 겁니다.

활력이 생기기는커녕 오히려 "멍해지고 몽롱해졌어요", "정신이 없어요", "몸의 다른 감각들도 둔해진 것 같아요" 같은 증상을 호소하시는 분들이 훨씬 많습니다.

항우울제를 먹고 있는 동안에도 스트레스로 작용하는 다른 일들이 발생한다면, 다른 신경정신과 문제도 쉽게 일어납니다. 그래서 예로 들은 환자분은 손떨림과 말더듬이 생겼습니다. 불면증이 생긴 분들도 있고, 호흡곤란이나 역류성 식도염 등이 생겼다는 분도 있습니다. 이런 신체화 증상이 나타나는 이유는 우리의 생명 유지 기능, 감정 기능, 이성 기능 등이 신경계를 공유하기 때문입니다.

결국 항우울제를 복용하게 된 사람이 다른 문제들을 겪지 않으려면 어떻게 생활해야 할까요?

인생에 있어서 "더 이상의 새로운 시도"나, "좀 더 잘살아보겠다"는 생각을 하면 안 된다는 결론이 나옵니다.

새로운 시도를 하거나, 노력을 한다는 것은, 중추신경계를 포함한 신경계를 좀 더 사용하겠다는 것입니다. 이렇게 되면 문제가 더 커지게 됩니다. 이미 우울증이란 자체가 신경계에 어떤 방식으로든 문제가 생겼다는 것인데 이 상태에서 좀 더 신경계의 사용량을 늘리려는 시도를 한다는 것은 신경계에 무리와 부담을 주겠다는 의도와 같습니다.

많은 우울증 환자분들, 적어도 수년에서 수십 년간 복약한 분들을 보면, 또 다른 공통점이 있습니다. "만약 이 분들이 우울증에 걸리지 않았고, 항우울제에만 의존하지 않았다면 어땠을까?"라고 생각해본다면, 많은 부분이 달라졌을 거라는 예상을 쉽게 할 수 있는 점입니다.

사실, 이 분들의 삶은 다른 사람들에 비해 상대적으로 수동적입니다. 자기에게 닥치는 일만 최소한의 노력만으로 근근이 해내며 살아갑니다.

위에서 예를 든 여성분도 실제 가정사를 보면, 아이들은 최소한의 지원만 받으면서 성장할 뿐 엄마의 적극적인 격려 또는 장려를 받지 못하고 있었습니다. 아내가 이런 상황이니 남편도 집안이 항상 답답하다고 생각하고 있으면서도, 집 크기를 늘려서 이사를 가겠다든지, 가족끼리 새로운 경험을 하겠다든지 하는 생각도 안하게 된 지 오래라고 합니다. 이 여성분이 약물치료를 시작할 때부터 이 분의 가정은 그 자리, 그 상황에서 정체된 것이었습니다.

이 정도의 생활을 유지하게 해주는 것이 치료라고 할 수 있을까요?

2. 불안장애

> "불안장애는 다양한 형태의 비정상적, 병적인 불안과 공포로 인하여 일상생활에 장애를 일으키는 정신질환을 통칭한다"

이것이 역시 불안장애의 정의입니다.

이유를 알 수 없는, 어느 정도의 불안이 지속되어서 일상생활에 지장을 받는 경우라고 생각해볼 수 있겠습니다만 역시 원인을 특정하는 병명이 아니라 증상을 호소하는 형태에 따라 붙여진 이름이라 불안장애는 아래와 같이 몇 종류로 나눌 수 있습니다.

1) 공황장애

> "갑작스럽게 심한 공포나 불편함이 수 분 내 최고조에 이르고, 그 동안 호흡곤란, 가슴 답답함, 심장 박동 증가, 발한 등과 같은 신체적 증상과 극심한 불안, 죽을 것 같은 두려움 등과 같은 정신적 증상이 나타난다."

[네이버 지식백과] 불안장애 [anxiety disorder] (서울대학교병원 의학정보, 서울대학교병원)

불안장애 중에서 가장 유명한 것이 공황장애입니다. 환자분들이 주로 표현하는 방법은, "갑자기 숨이 안 쉬어지고, 그러니 답답하고, 죽을 것 같으면서, 머리가 하얗게 되는 것 같다" 이런 식이 많습니다. 대체로 부정적인 상황이나 환경을 접할 때 많이 생겨서, 비행기를 타거나 할 때 자주 생겨서 '공항장애'라고 말하는 분들도 계시긴 합니다.

2) 광장공포증

"대중교통 이용, 공원과 같은 열린 공간에 있는 것, 영화관 같은 밀폐된 공간에 있는 것, 줄을 서 있거나 군중 속에 있는 것, 집 밖에 혼자 있는 것과 같은 상황에서 극심한 공포와 불안을 느끼고, 그러한 상황을 회피하려고 하는 상태가 6개월 이상 지속되는 경우이다"

[네이버 지식백과] 불안장애 [anxiety disorder] (서울대학교병원 의학정보, 서울대학교병원)

광장공포증도 자주 보이긴 하는 편인데, 이것보다 조금 약하게 나타나는 형태가 대인기피증 같은 것입니다. 어쨌든 "많은 양의 신경자극을 받으면 부담스러워지는 현상이다." 이렇게 이해하면 되겠습니다.

3) 범불안장애

"사소하고 일상적인 일에 대한 과도한 불안과 걱정이 장기간 지속되며, 이를 통제하기 어렵고 불안과 연관된 다양한 신체 증상(불면, 근긴장도 증가 등)을 흔히 동반한다."

공황장애는 증상이 급격하게 치솟아서 한계치를 넘기는 경우가 많습니다. 그보다는 꼭지점은 낮지만 조금 더 넓고 지속적인 불안감이 느껴지는 것이 광장공포증입니다. 그리고, 범불안장애는 공황장애 때보다 낮은 수준의 불안감이 지속적으로 느껴지는 것인데, 환자분들은 "뭔가가 온몸을 조여오는 것 같다"고 표현합니다. 그래서 공황장애는 더 괴롭고, 범불안장애는 견딜 만하다

이렇게 말하기는 어렵습니다.

불안장애를 경험하지 못한 분들을 위해 이렇게 설명하긴 했지만, 이런 속성이 있다는 정도이지 모든 걸 정의하지는 못합니다. 다만 급격하게 한계치에 오르는 불편함과 그 상황이 언제 다시 올까 전전긍긍하는 것, 그리고 늘 언제나 불안 속에 휩싸여 잠겨 있는 것 중에 어떤 것이 더 힘들다 말하기는 어렵고, 사람의 성향에 따라 다르게 느껴지지 않나 싶습니다.

지금까지 말씀드린 3가지 장애들 외에 사회불안장애, 특정공포증, 분리불안장애, 선택적 함구증 등도 있습니다. 그런데 이런 증세의 이름은 대체로 어떤 상황에서 불안감이 느껴진다면, 그래서 '그 상황＋불안증' 이렇게 이름을 붙이기가 편합니다.

그런데 이러한 방식에는 한의학적 접근과 조금 다른 점이 있습니다. 예를 들어, 상담을 하다보면 환자분이 "그냥 이것 때문에 불안하고 저것 때문에 불안하다"라고 말할 수 있는 단계는 불안에서 거의 초기 단계인 경우가 많았습니다. 그리고 공황장애나 광장공포증, 사회불안장애, 범불안장애 등을 앓고 있는 환자분들은 나름 본인이 무엇 때문에 불안한지 추정을 열심히 하고, 원인을 나름대로 찾고 제시하기도 하지만, 실제는 그것이 원인이 아닌 것을 많이 봅니다.

마치 불안이란 것은 이미 마음 안에, 가슴속에 천천히 쌓이기 시작한, 큰 산맥 속에 누적되어서 에너지를 축적해온 화산의 용암 같은 것이고, 그것이 마음속에서 약한 부분을 뚫고 나와서 분출하면 불안장애의 신체적 현상으로 나타나게 되는데, 그 약한 부분이 사람이면 대인공포증, 엘리베이터면 폐소공포증, 직장이 약점이면 해고공포불안증 등으로 분류되게 됩니다.

그러니, 불안장애라는 것은 이미 사람들 마음속의 거대한 압력과, 각자의 마음속 약점들이 결합되어서 나타난 것이지, 불안의 원인이 그 거대한 폭발을 주도했다고 보기는 어렵습니다. 그냥 불안할 만한 상황이 계속되어왔다가, 이제 폭발할 타이밍이 되었다고 보는 것이 옳습니다.

즉 불안이 폭발할 만한 상황이 이미 몸 안에서 만들어져왔고, 그것이 임계치를 넘는 순간 어떤 형태로든 튀어나왔기 때문에 몸속의 마그마를 줄여가는 것, 여기서 한의학적 치료와 재발 방지, 예방적 접근이 효과적인 면이 있습니다.

이런 불안장애의 경우에도 역시 양방정신의학과의 치료는 동일합니다.

이 경우만 동일한 것이 아니라, 우울증, 불안장애, 수면장애 등등에서 거의 모두 동일하다고 볼 수 있습니다. '약물치료'와 '인지행동치료(심리치료)'로 나뉘게 됩니다.

약물치료란, 항불안제를 처방하는 것입니다. 그중에서 벤조디아제핀 계열의 약물들은 '가바(GABA)'라는 신경전달물질을 활성화하여, 증상을 완화시키는 것으로 알려져 있습니다.

위 설명의 구체적 내용은, "항불안제를 복용하면, 가바라는 신경전달물질을 활성화시킨다. 이 가바(GABA)는 신경들 사이의 활성도(신호 전달)을 방해하고 억제하는 역할을 한다. 즉 불안으로 인한 신경긴장이 전달되지 않도록 한다"는 뜻입니다. 결국 벤조디아제핀 계열의 약물 속성은 역시 진통제와 같다는 것을 알려줍니다.

그러니, 항불안제는 불안을 치료해서 든든한, 배짱이 두둑한 마음을 만들어주는 약이 절대 아닙니다. 불안을 잠시 덜 느끼게 해주는 약입니다. 그러므로 일시적으로 불안이라는 고통이 심할 때 잠시만 사용하는 약이지, 이 항불안제에 의존해서는 안되는 약인 것입니다.

항불안제를 복용해서, 이런 방식으로 신경 억제를 해버렸을 때 나타나는 부작용을 보면 대체로 다음과 같습니다. 졸음, 현기증, 착란, 어지러움, 기억력 감퇴, 두통, 입마름, 시야 몽롱 등입니다. 이런 현상들은 정상적인 신경네트워크가 랙(Lag, 지연)이 걸리거나, 활성도가 떨어졌을 때 나타나는 증상들입니다.

당연히, 항불안제란, 가슴과 팔다리의 신경계에서 느껴지는 과한 활성도(긴장 전류의 확산)를 차단하는 것이기 때문에, 그 과정에서 전체 신경계가 또한 억제됩니다. 즉 당신이라는 시스템을 다운시키거나 느리게 하는 작용을 하게 됩니다.

항불안제들의 부작용 사례들을 좀 더 구체적으로 알아보면 다음과 같습니다.

① 자나팜, 뉴프람 복용 시

혈압이 갑자기 상승하고 몸에 열이 난다. 어지러움, 속 울렁거림, 속 쓰림, 안압, 손발 저림 증상이 지속되며, 소화기계통에도 문제가 와서 변비와 설사가 반복됨.

② 인데랄 복용

급격히 체중이 10kg 이상 증가하며 식습관은 크게 달라지지 않았으나, 체중 증가에 의한 무릎통증이 생겼음.

③ 렉사프로, 데파스, 아티반, 스틸녹스 처방

3개월 복용 후 밤에 잠을 자다 숨이 안 쉬어지고 온몸이 무기력해졌음. 기운이 없어 한약이랑 같이 복용함. 일주일 후 현실감각이 둔해지고, 감정이 잘 안 느껴지며 악몽과 무기력, 그리고 막연한 무서움에 극심한 공포를 느낌

④ 부스피론 2주 처방

복용 후 약간의 어지러움 증상만 있다가 3주째부터 리보트릴 함께 복용 후 온몸이 찌릿한 느낌과 호흡곤란 증상이 발생했다.

⑤ 데파스 처방

2주 복용 후 두통, 어지러움 증상이 심해지며 기억력 상실, 한약

과 함께 복용하려 처방 받았으나 같이 복용 후 속 울렁거림 증상이
나타났다.

⑥ 자낙스, 알프람을 5년 정도 복용

항상 두통이 있었는데 자낙스, 알프람을 끊은 뒤 두통은 사라
졌으나 불안감이 다시 발생했다.

⑦ 리보트릴 1개월 복용 후

분노조절장애가 일어났다. 알 수 없는 짜증이 커지며 생리불
순, 청각과민 증상 등이 나타났음.

⑧ 공황장애로 자낙스 처방

복용 후 손떨림과 다리에 힘이 빠지고 떨림 증상 나타남. 다리
에 부종이 심해짐.

⑨ 오전 자낙스, 리보트릴 / 오후에 리보트릴, 알프람, 인데놀 복용

온몸에 땀띠와 여드름 증가, 전신 가려움증이 나타났음.

위 사례들은 간단하게 인터넷 환우회 카페에서도 얼마든지 쉽
게 얻을 수 있는 내용들입니다.
또한 항불안제는 근육경련이나 소화장애 등에서도 처방되기도

합니다. 이런 근육경련이나 소화장애 등 신경성으로 진단받은 것은 모두 신경계의 긴장도 상승으로 인한 것으로서, 근육긴장과 위장이나 식도의 긴장 등은 신경을 차단하게 되면 긴장도가 일시적으로 전달이 안되는 작용이 있긴 하지만, 긴장도를 풀어버리면 오히려 무기력해지게 되므로 그로 인한 부작용이 장기간 복용 시 따르게 됩니다.

공황장애 환자분의 사례를 소개해봅니다.

40대 초반이고 해외 출장이 자주 있는 이 분은 대기업에 근무 중입니다. 사회적 성공을 중요시하고, 자아실현에 대한 욕구도 큰 편이었습니다. 당연히 직장에서도 중요한 부서들을 거치고 있었고, 동기들 중에서는 거의 모든 면에서 앞서는 상황이었습니다.

그러나 최근 남미 출장을 다녀오는 비행기 안에서 공황발작을 일으켰습니다. 어찌어찌 한국으로 돌아와서 신경정신과 약물치료를 받기 시작했고, 6개월이 지났습니다. 하지만 해외 출장은 엄두가 나지 않고 있는 상황입니다.

더구나 이후에도 회사에 출근하는 것이 점점 부담스러워지기 시작했다고 합니다. 심장 부위가 묵직해지고 답답해짐을 느낍니다. 결국 어느 월요일에 드디어 자가운전의 출근길에서 다시 발작을 일으켰습니다. 다른 공황장애 환자분들의 경우와 마찬가지로, 약물치료 중임에도 발작이 일어났으니, 심장과 뇌와 관련된 여러 검사들을 진행했습니다만, 별다른 이상 증상은 없고, 재차 공황장애란 진단만 받았습니다.

이 분은 이후의 삶이 어떻게 진행되었을까요?

이후에 약물치료의 용량을 재조정하면서 더 이상의 발작은 일으키지 않았다고 합니다. 하지만 본인은 그것이 약물의 복용량을 올렸기 때문인지, 본인이 조심했기 때문인지 확신하지 못한다고 했습니다.

이렇듯, 자신도 모르게 모든 면에서 항상 조심하게 되고, 새로운 사람을 만나게 되거나, 새로운 상황이 일어날 것 같으면 신경이 극도로 날카로워진다고 합니다. 특히 이런 자신의 모습을 주변 사람이 볼까봐 더 신경이 쓰인다고 하는데, 저희 병원에 내원했을 당시 이 분의 손톱들이 거의 없는 상태였습니다.

불안감과 긴장감을 극복하기 위해서 남들이 보지 않는 시선 아래에서 손톱을 계속 뜯다보니 피부도 다 헐어있고 손톱도 1/3만 남아 있는 상태가 열 손가락 모두 같았습니다. 그러다보니 회사에서도 긴장감과 부담이 덜 한, 그런 부서로 지원해서 옮기게 되었는데, 자신의 삶이 참 한심하다고 했었습니다.

이 분의 상황이 약물치료를 통해서 호전되었을까요? 분명 아주 심한 발작은 막아주는 것 같다고 했었습니다. 하지만 불안감과 긴장감이 자신의 몸 속에 깔려 있는 것 같은 느낌은 없어지지 않는다고 했었습니다.

항상 머리가 멍한 것 같고, 술이 깨지 않은 것 같은 불쾌함은 지워지지 않는다고 합니다. 조금만 골치 아픈 이야기는 외면하게 되고 예민해져서, 집에서도 아이들과 부인이 눈치만 보고 산다고 합니다. 그리고 본인은 자신의 그런 모습을 보면서 더 화가 나기를 반복합니다.

이런 분들이 자신이 지금까지 살아왔던 삶의 방식을 더 이상 지속할 수 있을까요? 자신이 원하는 바를 이룰 수 있을까요?

전전긍긍하는 삶, 삶의 외연을 축소시켜가는 삶, 항상 조심조심하는 삶.

정도의 차이는 어느 정도 있겠지만, 공황장애치료를 받고 있는다는 분들의 삶이 이렇습니다.

공황장애의 항불안제치료가 가슴을 후련하게 하고, 당당하고 두려울 것이 없는 삶을 살게 만들어주지 않습니다.

또 다른 불안장애 환자분의 경우를 살펴봅니다.

이 환자분은 30대의 남성입니다. 군 제대 후 성실하게 직장생활을 해오던 상황이었는데, 갑자기 원인 모를 불안이 생겼다고 합니다. 본인은 갑자기 생겼다고 하는데, 제가 진단하기에는 그렇지 않고, 서서히 진행되어오다가 폭발한 것으로 보입니다.

어쨌든 정신과 약물치료를 받고, 병가도 길게 가진 이후 직장에 복귀했지만, 복귀 첫날 다시 불안발작이 일어났다고 합니다. 다시 병가와 긴 약물치료, 다시 복귀하고 며칠 사이에 불안발작. 이런 상황을 5년간 되풀이해왔다고 합니다. 이후 약물치료를 받고 있고, 주기적으로 하는 진료 상담에서는 잘 치료되고 있다는 평가를 늘 받습니다. 그러나 직장에 복귀는 안됩니다. 당연히 원

직장에서는 퇴사하고, 새로운 직장에 지원해서 합격하면, 일주일을 버티지 못한다고 합니다. 심할 때는 출근 전날 불안이 심해지기도 하고, 제일 오래 버텼던 때가 일주일 정도라고 합니다. 이런 식으로 5년을 살아왔습니다.

이 분의 생활은 어떻게 되었을까요? 이렇게 사는 것도 나쁘지 않다고 말할 분은 없을 것으로 압니다.

이 분에게 더 심한 고통은 5년 넘어 약물치료를 꾸준히 받고 있는데, 그래도 정상생활이 안된다면 도대체 언제 복귀할 수 있을지 모른다는 것입니다. 큰돈을 벌거나, 사회적으로 능력을 인정받는 것도 아닌, 그냥 남들처럼 출근하고 퇴근하는, 최소한의 사회인으로서의 생활을 바라는 것도 안되는 이런 삶이, 제대로 삶을 살고 있는 것일까요?

정도의 차이는 있을지언정 불안장애 환자분들의 경우도 거의 비슷비슷합니다. 치료를 받는다고 하더라도 마음속에 항상 불안한 뭔가가 있다라는 것은 변하지 않습니다. 항상 찜찜한 상태, 항상 조마조마한 어떤 상태이며, 마음속에 대범함이란 찾아볼 수도 없습니다. 대범함이 없는데 용기도 있을 수가 없습니다.

반쯤은 인생의 목표를 포기하거나 하향조정하고 살아가는 삶을 살아가는 분들이 많습니다. 열심히 생활하고 있는 것 같은 분들조차, 마치 자동차의 엑셀과 브레이크를 동시에 밟고 운전 중인 것 같은 기분이라고 합니다.

이런 분들에게 거리낌 없는 마음, 자신감, 무엇이든 할 수 있을 것 같은 용기 같은 것들은 더 이상 허락되지 않는 것일까요?

그렇지 않습니다. 시간이 걸릴 뿐이지, 이것 또한 인체의 기능일 뿐이라서, 충분히 다시 만들어갈 수 있습니다.

3. 수면장애

"수면장애란 건강한 수면을 취하지 못하거나, 충분한 수면을 취하고 있음에도 낮 동안에 각성을 유지하지 못하는 상태, 또는 수면리듬이 흐트러져 있어서 잠자거나 깨어 있을 때 어려움을 겪는 상태를 포함하는 매우 폭넓은 개념입니다."

[네이버 지식백과] 수면장애 [sleep disturbance] (국가건강정보포털 의학정보, 국가건강정보포털)

수면이란 현상 자체는 눈으로 보기에는 너무 쉽고 간단히 설명할 수 있을 것 같지만, 수면이 어떻게 뇌에서 시작되서 유지되는지 구체적으로 밝히는 것은 굉장히 어려운 일이라고 합니다.

수면이란 잠이 드는 일입니다. 잠이 든 사람을 보면, 의식이 없긴 하지만, 그렇다고 신체기능이 정지되는 것도 아닙니다. 평균적으로는 잠을 자고 나면 피로가 풀리는 데에다가, 의식이 없는 데에도 불구하고 항상 스스로 깨어난다는 점에서 고도의 자동화된 어떤 기능으로 추정됩니다. 하지만, 세포로 구성된 우리 같은 유기체적 시스템에서 이것을 복제하고 구현해낼 수 있는 정도의 구체적인 지식은 아직 없습니다. 모른다는 것입니다.

결국, 수면이라는 이 현상은 모르는 사람에게는 쉽게 보이고, 아는 사람에게는 어렵게 보이는 것인데, 타인의 일처럼 국외자로서 바라만 보는 사람의 입장에서는 그냥 잠이 오는 것 같으면 자거나, 재우거나, 깨어나면 움직이면 되는 것이니 간단하다고 생각할 테고, 만약에 이런 현상을 조절하고 책임을 지는 시스템 운영자라고 한다면 굉장히 복잡하고 의미를 알 수 없는 여러 단계를 거치고 있다는 생각을 하게 됩니다.

그나마 지금까지 연구되어온 수면이란 것에 대한 연구 결과는, 수면이란 단순히 의식이 없어지는 것이 아니라, 의식이 특정한 형태의 상태로 들어가게 되고, 그 안에서 신체는 꼭 필요한 일이긴 하지만, 낮에는 하지 못했던 일들을 하게 된다는 것입니다.

수면의 형태를 크게 분류하자면 '렘수면(Rapid Eye Movement Sleep)'과 '비렘수면(non-REM sleep)'으로 나뉘게 되는데, 렘수면이란 두뇌의 활성도가 거의 깨어 있을 때와 같은 뇌 활동을 하는 것이 관찰되는 시간으로서 빠른 안구운동을 특징으로 합니다. 비렘수면은 안구운동이 사실상 일어나지 않고, 근육이 이완되며, 호흡과 심장 박동이 두드러지게 감소하는 단계입니다.

우리는 수면 중에 각각의 상태를 거치면서, 그날 활동하면서 했던 경험들을 정리 정돈하기도 하고, 낮에 배웠던 기술들을 새로 연마하기도 합니다. 그 외 정신적인 영역에서 가장 중요한 것에 속하는 창의성을 발전시키는 데에도 도움이 됩니다.

종합하면, 두뇌는 우리에게 의식이기도 하며, 의식을 유지, 발전시키는 도구이기도 하며, 인체 내부의 모든 세포와 조직, 또 기능들을 조율하고 보수하는 기능을 가진 체계이기도 합니다.

여기에서, 컴퓨터에서 마치 윈도우 업데이트 시간처럼, 화면은 멈춰서 있고 "전원을 끄지 마세요"란 경고 문구가 표시되어 있는, 잠들어 있는 것처럼 보이지만 내부에서는 CPU가 계속해서 제 할 일을 하고 있는 것 같은 상태가 수면입니다.

우리가 수면에 대해서 모든 것을 알고 있다는 가정이면, 멈춰 있는 그 업데이트 상태 안에서 무슨 일이 일어나고 있는지 자세히 실시간적으로 설명할 수 있어야 하겠습니다만, 인간은, 컴퓨터에서와는 달리 아무리 수면의 전문가라도, 전혀 그 정도까지는 모르고 있습니다.

우리의 수면 중 두뇌 상태에 대해서는 컴퓨터 일반 사용자처럼, 파란 화면 아래에서 새로운 기능을 추가하고 있구나, 과거의 필요 없는 프로그램을 삭제하고 있구나, 다른 앱들을 최적화하고 있구나 하는 식의 수박 겉핥기 정도의 관찰 정도만 가능한 현실입니다. 더군다나 실제의 유기체를 재료로 같은 기능을 구현하라고 하면, 전혀 손도 대지 못하고 엄두를 못내는 정도의 지식 수준 밖에는 없습니다. 이것이 현재의 뇌과학의 수준입니다. 마치 윈도우 사용법은 알지만, 윈도우라는 운영체제는 만들거나 수정하지 못하는 수준이라고 할까요?

그래서 수면장애의 치료법 또한 정확한 원인을 알아서 해당 환자에게 적합한 코드를 삽입하여 문제를 해결하는(잠을 자게 하는) 형태가 아니라, 수면과 비슷한 상태를 만들어내는 데 치중하고 있는 현실입니다.

역시 양방정신의학과의 치료는 주로 수면제의 사용과 인지행동치료(환경 교정) 등으로 이루어집니다. 여기서 수면제에 의한 부작용 사례들을 먼저 살펴보겠습니다.

① 스틸녹스 복용

2주간 복용 후 낮 동안에도 어지럼증에 시달리고, 하루 일과 중 집중력 저하로 일의 능률이 저하되고 무기력감도 증가했다.

② 졸피뎀 처방

수면은 잘하는 듯 하나 감정기복이 심해지고, 이상 행동을 반복적으로 하게 되며, 낮에는 거의 멍한 상태가 지속된다.

③ 스틸녹스 처방

복용 후 어지럽고 밤에는 잠을 자다 깨다 반복하며, 심장이 갑자기 쿵 내려앉는 느낌을 자주 받는다.

④ 스틸녹스 처방

60대 남성 환자인데, 밤에 화장실을 못가고 소변 실수가 잦다.

⑤ 스틸녹스 처방

복용 후 낮에 걸을 때도 다리에 힘이 안 들어가며, 어지럼증에 시달리고 있다.

⑥ 졸피뎀 처방

밤에 자다가도 식욕이 증가하여 몽롱한 상태에서도 음식을 섭

취하게 되고, 아침에 일어나면 기억이 가물가물하여 음식 섭취 기억이 나지 않는다.

⑦ 스틸녹스 처방

3개월째 복용 중인데 복용하지 않은 날은 잠이 오지 않으며, 낮 동안 인지 능력이 저하되고 말이 조금씩 더듬어지고 있다.

⑧ 스틸녹스 처방

1년 복용 후 약을 점차 늘리게 되었고, 하루 동안 약을 안 먹으면 심한 악몽과 가위가 눌리고 몸이 엄청 아파온다. 2년째를 넘어가면서는 하루 종일 가위에 눌리고 식은땀이 나며 기억이 없어지고 식욕이 증가하여 크게 체중이 증가하였다.

⑨ 졸피뎀 복용

가슴이 벌렁거리며 자신을 통제하지 못할 정도로 불안해지고 우울증이 심해져 이유 없이 무기력해짐.

⑩ 졸피신 복용

수면제 처방 복용 후 가수면 상태에서 음식물을 섭취하고 집안을 돌아다니며 행동하였으나 다음 날 기억이 나질 않음.

⑪ 졸피뎀 처방

잠은 잘 수 있으나, 졸피뎀을 먹고 나면 몸에 오한이 오는 느낌과 체온을 재보면 진짜 체온이 떨어져 있으며, 몸이 떨리는 증상이 나타난다.

⑫ 수면유도제 제로민 복용

입이 마르는 증상과 심한 갈증, 몸이 처지고 잠에서 안 깨어나는 듯한 몽롱한 느낌이 지속된다.

수면 중에는 인체가 활동을 멈추는 것 같이 보이지만, 실제로는 몸의 내부에서 또 다른 생명 활동이 활발하게 일어나고 있는 액티브한 상태입니다. 그래서 수면을 취하고 나면 머리도 맑아지고, 생각도 정리되며, 새로운 아이디어도 잘 떠오르고, 면역력도 높아져서 감염에 강해지게 되고, 암이나 다른 질병에도 저항력이 생기게 됩니다.

그런데, 현대의 수면제는 거의 모두가 진정제의 일종입니다. 다만 그 진정작용이 조금 더 강하거나, 아니면 약하거나의 차이입니다. 진정제란, 우리 뇌의 의식을 담당하는 대뇌피질의 작용을 억제하는 약물입니다. 그러니까, 정상적인 수면에 들어가게 해주는 약이 아니라 의식을 잃게 하는 약이라고 볼 수도 있겠습니다.

정상적인 수면 상태에서의 뇌파활성도를 분석하게 되면, 수면 상태에서는 기억회로를 이루는 시냅스들 사이의 연결을 강화하는 것으로 드러났습니다. 이것은 머리가 좋아진다는 이야기입니다. 반대로 수면제(진정제)를 복용했을 때에는 기억이 나지 않게 정신을 잃게 만드는 과정이 있고, 그 과정 중에 뇌세포 간의 연결을 크게 약화시키는 것으로 확인되었습니다. 이는 머리를 나쁘게, 산만하게, 혼란스럽게 만든다는 뜻입니다. 수면제 부작용인 '하루 종일 몽롱한 상태'가 그래서 나타나게 되는 것입니다.

이렇게, 수면제라고 이름 붙인, 실제로는 진정제인 약물을 자주 사용하게 되면, '수면'이라고 불리는 인체와 정신의 재정비, 업데이트 과정을 생략하게 되기 때문에, 단기간 수면제를 복용하더라도 암에 걸릴 확률이 40퍼센트까지 증가한다고 합니다.

만약, 수면제를 2~3년을 지속해서 복용하게 되면, 그 기간 안에 다른 사람들보다 사망하는 확률이 4.6배 높다는 연구 결과도 있습니다.

자연적인 수면은 면역계를 증진시키는 큰 원동력으로, 과거 악명 높은 인체 실험 등에서 잠을 재우지 않았을 경우 극단적인 몸의 염증과 감염으로 실험대상들이 모두 사망하는 결과가 나온 것도 있습니다.

수면제란 잠을 자는 흉내만 내는 것으로, 수면제를 복용하고 잠을 잤다고 하더라도 몸은 실제로는 잠을 못자고 있는 상태이기 때문에 면역력 저하로 감염에 취약하고, 암 등의 발생률도 높아집니다. 짧은 기간 동안만 복약했더라도 치매에 걸릴 가능성이 올라간다는 연구도 있습니다.

수면제를 15년간 복용한 55세 여성분의 사례를 소개합니다.

이 분은 시댁과의 갈등과 남편의 직장 문제 등으로 스트레스를 받았던 일이 있는데, 어느 날 불면증이 갑자기 심해져서 신경정신과 상담 후 처방을 받아서, 이후 계속해서 15년간 복용하고 있던 분이었습니다.

수면제를 먹으면 잠이 드는 것 같지만, 그것도 3~4시간 정도에 불과했다고 합니다. 약을 바꾸기도 하고 용량을 늘리기도 했지만 크게 나아지지 않았다고 합니다. 하루 종일 머리가 멍하고 무기력한 상황이 계속되며, 탈모와 소화장애 등도 생기다 보니 결국 한의원을 찾아오게 되었습니다. 그래서 맑은 머리를 다시 한 번 느껴보는 게 소원이라고 합니다.

그런데 이 분에게서 더 주목되는 부분은 따로 있습니다. 따님 둘이 지금 대학생인데, 이 사람들이 중학교, 고등학교를 거쳐서 입시에 이르기까지, 환자분 본인께서 도와준 적이 없다고 합니다. 하루 종일 머리가 멍하고 무기력해서 아침도 제대로 못 차려줬다고 합니다.

"우리 딸들은 자기네가 알아서 잘해요"라고 웃으시는데, 분위기가 참 안 좋아 보였습니다.

이것이 중요한 문제인 것입니다. 자녀들이 사춘기나 입시와 같은 가장 중요한 시기에 있을 때, 엄마가 맑은 머리를 가지고서 대화 상대도 되어주고, 상처 받은 마음도 위로해주고, 맛있는 것도 해주며 활기찬 모습을 보여줬어야 하는데, 늘 무기력한 엄마, 축 쳐져 있는 엄마, 대화 중에도 몽롱한 것 같은 엄마를 보여줬다는 것이 얼마나 가슴 아픈 일일까요.

수면제가 정말 치료약이라면, 잠을 잘 자고, 활기가 차오르고, 아이디어 샘 솟는 그런 엄마로 돌아왔어야 하는 것입니다.

그리고 수면제가 급할 때만 먹는 약이라고 한다면, 잠을 회복할 수 있는 다른 방법을 찾도록 도와줬어야 하는 것이라고 봅니다.

10년, 15년 동안을 수면제에만 의지해서 살아가는 사람들은 무수히 많습니다. 어찌어찌 잠은 조금 자는 것 같지만 실제로는 잠을 전혀 못잔다는 불안에서 벗어나는 정도이며, 잠의 생리적으로 좋은 효능은 전혀 얻지 못하고 있는 상태입니다.

본인 혼자라면, 본인의 미래가 흐려지고, 삶의 계획이 일그러지는 정도이겠지만, 가족이 있는 사람이라면 더 심각한 문제가 됩니다. 서로 힘을 합쳐서 도와주고 살펴주고 하며 살아가는 것이 가족이라면, 수면제를 복용하는 사람은 그 역할을 다하지 못하게 됩니다.

물론 여기서도 심한 사람이 있을 테고, 가벼운 사람이 있겠지만, 장기간으로 가게 되면 역시 누구나 생활이 질적으로 나빠지게 됩니다.

수면제는 삶의 질을 보장해주지 못합니다.

그 외에도 ADHD(주의력 결핍 과잉 행동 증후군)와 틱장애(tic disorder) 등도 있습니다만, 거의 항우울제, 항불안제, 수면제 등의 유형에서와 같이 당장의 문제에 대처하는 방식에서 벗어나지 않습니다.

먼저, 틱장애와 ADHD 약을 복용 시키는 행태에 대해서는 꼭 이야기하고 싶은 것이 있습니다.

틱과 ADHD에 처방되는 약들의 이름을 검색해보면, 분명히 '부작용'이라고 설명하는 부분이 나옵니다. 수면장애, 두통, 식욕 저하 등은 기본입니다. 이 약을 복용했을 때에 나타나는 느낌을 이 세 단어로 모두 알 수 있을까요? 실제로는 부작용이 이것들만은 아닐 것입니다. 더구나 이 약의 효과에 대해서, 이 약의 작용 원리에 대해서 알아보면, "정확한 원리는 알 수 없다"라는 것이 답입니다. 약을 투약하면서도, 어떤 부작용이 나타날지도 예측할 수 없는, 또한 어떻게 작용하는지 원리조차도 제대로 밝혀지지 않은 약을 짧게는 수개월에서 길게는 수년을 복용 시키고 있습니다.

환아의 부모님들에게 이런 내용을 설명하면, "정신과 선생님이 괜찮다고 했어요"라고 합니다. 그럴 때 꼭 드리는 이야기가 있습니다. 출근을 안 하는 주말에 부모님들이 그 약을 드셔보시라고 합니다. 길게도 아니고 하루나 이틀만 드셔보시라고 하면, 대부분 거부감을 보입니다.

"내 약도 아닌데…."

"혹시 몸에 안 좋으면…."

아이들이 수년간을 먹어도 괜찮은 약이면, 성인이 아이 용량으로 하루 정도 먹는다고 건강을 해치지는 않습니다. 당연한 사실임에도 실제로 드셔보시는 분은 극히 적습니다.

아마 부모님들은 마음속에서 알고 있는지도 모릅니다. 이 약이 몸에 좋은 약은 아니라는 사실을 말입니다.

당연히 아빌리파이나 리스페리돈, 할로페리돌만 검색해봐도 "조현병에 처방한다" 등등의 설명과 함께 나타날 수 있는 이상반응과 부작용이 숱하게 나오는 것을 확인했을 테니, 본인들의 마음이 선뜻 내키지 않는다는 것은 이해합니다만, 그 마음이 자녀에게도 같은 수준으로 작용했으면 하는 바람입니다.

더구나 이 틱이나 ADHD 약물의 투약 조건이 되는 발병 원인 자체도 밝혀지지 않고 있습니다. 발병의 원인이라고 알려져 있는 것은 발병 당시의 상황이나 추정된다는 정도입니다. 화학적 약물 투여의 근거는, 역시 원인의 화학적 설명이어야 합니다.

다른 산업 영역이나, 의료의 다른 진료 과목에서라면 통용되지 않았을 일들이 신경정신과에서는 다른 대안이 마땅하지 않다는 이유로 의심도 받지 않고서 사용되고 있습니다. 진지한 관심이 필요한 일입니다.

왜냐하면, 틱과 ADHD를 치료하러 오는 경우를 보면 거의 절대다수가 아이들이기 때문입니다.

　그래서 주목해야 할 사례를 소개합니다.

　12세 남자아이니까 초등학교 5학년인 어린이입니다.

　정신과 치료를 받은 지 3년, 즉 3년 동안 약물치료를 받아오고 있는 중이었습니다. 당연히 ADHD 증상도 있습니다. 처음 만났을 때 얼굴을 심하게 일그러뜨리기를 쉬지 않고 심하게 반복하는 상황이었는데, 그나마 정신과 약물치료를 받고 좀 줄었다고 합니다.

　"정신과에서 언제까지 치료해야 한다고 했습니까?" 하고 물어보니 "계속 약 먹이면서 지켜보자고 했어요"라고 보호자는 대답했습니다. 정신과 약을 먹었는데도 계속 틱 증상이 있다는 이야기를 하려고 이 예를 든 건 아닙니다. 이 아이를 직접 상담해보니 극도의 불안과 긴장을 내재하고 있었습니다. 또 "너무 힘들다"는 말을 합니다. 틱 증상이 힘들다는 이야기가 아닙니다. 부모가 너무 힘들게 한다는 이야기입니다. 부모의 더 자세한 사정을 쓰기엔 무리가 있습니다만, 어쨌든 실제로, 이 아이의 부모님들은 주변 사람들을 힘들게 하는 성격이었습니다.

　당연히 거기에다가 엄마와 아빠의 사이가 나쁘고, 다툼도 심하게 일어났는데, 아이들에 대한 배려도 전혀 없는 편이었습니다. 이런 상황에서 오빠인 이 아이가 여동생까지 지키고 보호하려고 노력하는 중이었습니다. 그것도 수년간.

　가족들을 모두 각각 면담한 후에 아이가 더 잘 이해가 되었습니다. 만약 누구라도 그런 환경 속에 들어가서 살아간다면, 자기도 모르는 사이에 고통으로 얼굴이 일그러질 것이라는 것을.

만약 더 나이가 든 청소년이었다면, 친구들과 어울려 일탈을 하거나, 아니면 다른 방식으로라도 자신이 감당해온 정신적 압박을 해소했겠습니다만, 대체로 틱이 처음 나타나는 연령대는 고스란히 가족 구성원에게서 오는 정신적, 심리적 압력을 감당해야 하는 상황의 시기입니다. 가족 간에 만약 문제가 있다면, 가족 중에서 가장 약한 사람 또는 가장 압력이 집중되는 사람에게 틱이 나타납니다.

그렇다면, 이 아이가 감당하고 있는 문제를 시간이 걸리더라도 해결해나가야 하는데, 이 부모님들은 정신과 치료를 받게 하는 것으로 자신들의 책임감은 스스로에게 면제해주며, 계속해서 자기들이 내키는 대로 행동하고 살아갑니다.

이런 부모님들이 가장 마음에 들어하는 틱장애의 원인에 대한 설명으로는 두뇌 발달의 미숙함이 있습니다.

만약 정신과 약물치료가 다행히 잘 들어서 아이의 증상이 없어졌다면, 그나마 다행이긴 합니다. 하지만 이 아이는 증상은 줄어들었겠지만, 이런 약의 부작용인 수면장애, 식욕저하, 두통을 심하게든 약하게든 겪으면서 성장하게 됩니다.

수면장애, 식욕저하, 두통 등의 부작용을 약하게 느끼면서 살아간다는 것은 어떤 느낌일까요? 몽롱하고 어둔하며, 먹고 싶은 것도 그닥 없는, 활력과 생기가 제한된 상태가 지속되는 체로 성장기를 보내는 것을 의미합니다. 이 아이들이 어른들만큼 자신의 몸의 감각에 대한 다양한 스펙트럼의 경험이 있다면, 부모에게 이런 증상을 호소할 것입니다.

"엄마, 틱은 좀 줄어든 것 같은데 머리가 무거워요."
"엄마는 내가 좋아졌다고 하는데, 나는 이상하게 잠을 깊이 잘 수가 없어요."
"왜 옛날에는 맛있던 것들이 지금은 하나도 먹고 싶지가 않지?"

유감스럽게도 아이들은 자신의 몸의 감각을 언어로 자세하게 표현할 만큼의 경험도 없고, 훈련도 되어 있지 않습니다. 그러니 아이들 본인들이 느끼기에 뭔지 모르게 예전과 다른 거 같기도 하고, 아닌 거 같기도 한, 그런 상태에서 성장기를 보내게 됩니다. 이런 부분에 대한 세심한 배려를 부모님이 해주지 않는다면 누가 해줄 수 있을까요.

병원에서 받은 처방전의 설명서에 들어 있는 단어들, 특히 부작용과 관련된 것들은 그냥 의례적으로 적어놓은 것이 아닙니다. 계약서에 들어 있는 배상조항과 같이, 문제가 생기면 실제로 내가 책임져야 하는 실물과 관련된 직접적인 피해가 돌아오는 문제이지, 막연한 위험성에 대한 알림장이 아닙니다.

더구나 스트레스와 관련되어서 틱 증상이 나타난 아이들은 발병 전과 비교해서 인지기능이 불안정한 경우가 많습니다. 이런 약물치료는 그런 부분을 활성화시키는 치료가 아니며, 불안정한 인지기능이 성장기까지 이어지도록 문제를 방치하는 결과를 가져오기도 합니다.

중요한 문제를 들여다보는 것은 힘이 드는 일입니다. 그래서 그냥 외면하고 싶고, 마음 편한 쪽으로 행동하고 싶은 것이 사람의 본성이긴 합니다. 하지만, 가족과 관련된 문제는 당시에 외면하면 나중에 그 문제가 그대로 돌아오거나 더 커져서 오는 경향이 있기 때문에 현명한 선택이라고 볼 수는 없습니다.

틱장애가 있는 아이들에 대해서는 꼭 하고 싶은 이야기가 있습니다.

의료광고 등에서는 틱의 주된 원인이 뇌의 발달장애라고 주장하지만 이는 사실이 아닙니다. 물론 어린아이들의 뇌가 미성숙한 면은 있습니다만, 그것이 다른 아이들은 틱이 안 생기고, 우리 아이들은 틱이 생기는 것을 결정할 만한 요인으로 작용하지는 않습니다.

틱장애가 있는 아이들은 일반적으로 다른 아이들보다 민감한 편이 많습니다. 예전에는 '민감하다' 대신 '예민하다'는 표현을 많이 썼는데, 이 표현은 부정적인 뜻으로서, 다른 사람들은 문제를 삼지 않는 것을, 이 사람은 과잉반응을 해서 주변 사람을 피곤하게 한다는 의미가 들어 있습니다. 즉 '문제 있는 사람'이라는 의미를 줍니다. 그런데 이런 '예민하다'라는 것의 본질은 '민감함'입니다. 민감하다는 것은 다른 사람들보다 감각이 발달했다는 뜻입니다.

남들이 못 느끼는 것을 느끼고, 남들이 미약하게 느끼는 것을 상대적으로 강하게 느낀다는 의미이니, 미세신호를 잘 잡아내는 능력이며, 센스가 있다고 할 수도 있습니다.

특히 감각이나 감정 변화에 대한 인지기능이 발달했다고도 할 수 있습니다.

그렇습니다. '민감하다'는 건 장점이라는 뜻에서 쓰는 말입니다.

대체로 남성들이 여성들보다 다른 사람의 표정을 읽어낸다거나, 미묘한 말투 사이에 숨겨진 다른 감정들을 느끼는 데에 어려움을 겪습니다. 그럴 경우 남성들보다 여성들이 '민감하다'라고 표현할 수 있겠습니다. 그리고 틱장애 아이들의 경우 자신들의 어머니보다 좀 더 민감한 경우도 많습니다. 대인관계에서는 상대적으로 민감한 사람이 상처도 더 받기 쉽습니다.

요즘 들어서 이런 '민감함'을 장점으로 간주하는 이유는, 현재의 경제와 산업 발달에 이런 민감함이 실제적인 생활에 점점 도움이 되어가고 있기 때문입니다. 미세한 차이를 잘 감별해내는 능력이 여러 상품들과 사람들 간에 차이점을 두드러지게 해주며 소비자의 선택을 좀 더 잘 받게 해줍니다. 또한 자신도 자신의 필요에 좀 더 맞는 상품과 서비스를 선택할 가능성이 높습니다. 그러니 틱장애가 있는 아이들은 대체로 이런 민감함을 가지고 있으므로, 앞으로의 시대에 좀 더 우월할 수 있는 경쟁적 자질을 가진 것으로 볼 수 있습니다.

그런데 아이들이 틱이 생기는 원인을 경험적으로 돌아본다면, 이런 아이들은 대체로 섬세한 크리스탈과 같습니다. 그러나 부모님들이 이런 아이들을 놋그릇이나 스텐그릇처럼 다루는 경우를 많이 봅니다. 아이의 특성에 맞춘 배려가 부족했다는 추정인데, 아이라는 존재에 대한 고민이 부족한 경우라고 보겠습니다.

사실, 대다수 부모님들은 아이가 갓난아기일 때부터 함께 생활하다보니, 아이가 커가는 과정에서 일어나는 변화를 잘 못느끼는 경우가 많습니다. 호랑이나 강아지나 곰이나 아주 어릴 때는 고만고만하고 귀엽지만, 커가면서 독특한 형질이 드러나듯이, 아이들도 어릴 때는 그냥 애기였지만 자라나면서 자신만의 독특한 개성이 드러나게 됩니다.

더군다나 민감한 아이들은 그런 각성 — 자신의 개성이 드러나는 시기가 빠른 편인데, 부모님들이 그런 상황에 대한 대비가 부족해 보입니다. 즉 "이 아이는 나와는 다른 사람이다"라는 인식의 변화가, 아이의 성장 속도에 비해 느린 경우가 많습니다.

성격 좋기로 유명한 리트리버가 낳은 새끼들이라 하더라도 각각 개성이 다르듯이, 부모 두 사람의 유전자의 결합으로 태어난 아이들은 부모와는 비슷한 면도 있지만 일단 부모와는 다른 사람이라고 생각해야 합니다. 다른 사람이라는 것은 대화를 할 때이든, 같이 생활을 할 때이든 적절한 배려를 해주는 것이 필수적이라는 뜻입니다.

실제 틱장애가 있는 아이들의 부모님들을 보면, 편하게 아이들에게 이야기한다고 하면서, 다른 사람에게는 하지 않는 방식으로 대화를 이끌어가는 경우를 많이 봅니다. 남들과의 대화 때라면 "저 사람 예의 없네"라는 생각이 들 수 있는 대화 방식들, 예를 들면 본론만 직접적으로 말한다든지, 내가 하고 싶은 이야기만 명령조로 지시한다든지, 상황에 대한 자세한 설명과 설득 없이 선택을 강요한다든지 하는 행동들을 스스럼 없이 하는 식입니다.

이런 민감한 아이들과 생활을 할 때에는 아이의 원래 나이보다 5~10세 더 많은 것처럼 대우해주는 것도 생각해볼 만합니다. 이런 일상에서의 세심한 배려를 위해서는 아이를 자세히 관찰하는 것도 꼭 필요합니다.

그런데 이런 일들은 의외로 피곤하고 힘든 일입니다. 부모님들이 "이 아이가 지금은 나에게 길들여져 있지만, 이 아이의 숨겨진 본성은 무엇일까?" 고민하면서, 아이를 있는 그대로 관찰하고 배려하는 것은 많은 에너지와 시간이 소모되는 일입니다. 그렇다고 해서 모든 것을 아이가 예민해서 생기는 문제로 결론 내어버린다면, 문제를 잠시 숨길 수는 있지만 가족의 뒷면에서 점점 커져가게 됩니다. 종합적으로 다시 살펴본다면, 이런 정신과에서 처방해주는 약물들은 보다시피 치료를 위한 약이 아닙니다. 증상을 잠시 잊게 해주는 약이기 때문에, '진통제'라고 불러도 무리가 없습니다.

과거에는 근골격 계통의 통증에도 진통제를 치료제처럼 사용했던 적이 있지만, 현재에는 급한 통증에서만 사용하고, 그 이후에는 꼭 원인을 찾아서 치료하고 있는 중입니다.

"진통제에만 의존해서 병을 키우지 마라."

이런 이야기도 들어보셨을 것 같네요. 원칙대로라면 신경정신과에서도 진통제 투여 후 원인을 찾아내서 치료를 진행해야 합니다만, 거의 계속해서 진통제만 투여하고 있는 실정입니다. 즉 환자가 고통에 둔감해지도록 만들어서 문제를 묻어버리는 바람에 오히려 키우고 있습니다. 여기에 대해서 이의를 가진 분들도 많겠습니다만, 만약 우울증이나 불면증, 불안장애, 분노조절장애, 기면증 등 여러 문제를 가지고 정신과에서 상담을 받은 분이나, 받을 계획이 있는 분들은 다음과 같은 가장 근원적인 질문을 의사에게 할 생각을 가져야 합니다.

"이 약물을 처방 받고 치료를 하면, 병이 정말 나을까요?"
"치료에 걸리는 시간은 어떻게 될까요?"
"치료 후에는 과거의 나 자신의 모습으로 돌아가서, 다시 나 자신의 정체성을 가지고, 예전처럼 내 맘대로 살아볼 수 있을까요?"

다른 질병의 경우와 비교해서 생각을 해봅시다. 만약 소화가 안 되서 병원을 찾았는데, 의사가 "평생 소화제를 먹어야 한다"고도 하고, 심지어 언제까지 약을 먹어야 하는지도 대답해주지 않는다면, 이 병원의 치료를 신뢰할 수 있을까요? 그렇지는 않을 겁니다.

약물 사용에 대해 무조건 부정적으로 본다고 생각할 수도 있겠지만, 실제로 저의 바람은 그렇지 않습니다. 앞으로 더 많은 연구가 나타나서, 뇌의 전기적, 화학적 설계도와 작용방법이 확실하게 밝혀지고, 그에 따라 정확한 약물요법이 나타나기를 기대하고 있고, 또 그런 날이 올 것임을 의심하지 않고 있습니다.

그리고 그런 진보가 이루어지기 전이라고 하더라도, 수면제, 항우울제, 항불안제 등이 꼭 필요한 경우도 있습니다. 잠시라도 고통에서 벗어나 휴식을 취하지 않으면 견디지 못하는 때가 있습니다. 그런 경우에는 약물치료를 하는 것을 권장합니다.

그러나 고통에서 잠시 벗어나 있더라도, 이 고통이 발생하는 원인을 알아내고, 그에 맞춰 잘 대처해야 삶을 원하는 대로 살아갈 수 있습니다. 그런 마음에서 화학적 약물요법들의 부작용을 설명했었습니다.

그럼 대체 왜 이 정도 밖에는 대처하지 못하고 있을까요? 급한 불면의 고통, 불안과 긴장의 고통, 무기력함의 고통을 일단 진통제로 견딜 정도 밖에는 못하고, 정확한 원인을 찾아내서 '우리'라는 사람들을 회복시키고 정상화시키는 것은 못하고 있을까요?

정신과 의사 선생님들이 뭔가를 놓치고 있거나 게을리하고 있는 것일까요? 그렇지 않습니다. 정신과 의사 선생님들만큼 충실한 사람들도 드뭅니다. 그럼 왜 이런 상황일까요? 거기에는 이유가 있습니다. 그것은 바로 다음의 C장에서 소개하겠습니다.

C

인간의 마음이란
아직 밝혀지지 않은 것

인간의 육체에는 대략 50조 개의 세포가 있다고 합니다. 그리고 이 50조 개의 세포는 수명이 각각 달라서 빠르게 세대교체가 되는 피부세포 종류도 있고, 느리게 교체되는 뼈와 같은 세포도 있습니다.

세대교체가 된다는 것은 기존의 세포들이 모두 죽어서 흡수, 분해되고, 그 자리에 새로운 세포가 자리한다는 것으로, 인간사회가 세대교체되는 것과 상당히 유사합니다.

아무리 늦어도 10년이 지나면 10년 전에 몸을 구성하고 있던 세포들은 남아 있는 것이 없게 됩니다. 모두 새로운 세포들이 현재의 몸을 구성하게 됩니다.

그런 세포 하나하나마다 미약하지만 의식이 있고 지능이 있습니다.

우리 인간의 의식과 지능처럼 복잡 다양하고 다층적이지는 않지만, 좋다 싫다라는 것을 구분할 정도는 있을 것이라 추측됩니다. 이런 세포 하나하나의 의식과 지능을 없다고 생각하거나, 논의할 필요조차 없는 것이란 생각을 하는 것은 당연한 일이지만, 이는 인간의 지능을 기준으로 놓고 비교해서 그런 것입니다. 만약, 인간 진화 속도를 기준으로 해서, 인간보다 수천만 년, 수억 년 더 진화한 생물의 입장에서는, 지금의 우리 마음과 의식을 어떻게 볼까요? 아마 "인간이란 생명체는 지능이 거의 없다"라고 판단할 가능성이 높습니다.

어쨌든 우리와 비교해서 상대적으로 미약한, 이런 세포들의 의식과, 우리가 우리라고 느끼는 인간으로서의 의식과 마음은 서로 어떤 관계가 있고 어떤 상호연관성이 있을까요?

우리가 생각하는 우리 — 우리의 마음, 우리의 자의식이 어떤 것인지는 여러 가지 가설들과 실험들이 있지만 인간의 마음이 무엇인지를 뚜렷하게 말해주는 것은 없습니다.

좀 더 정확하게 말하면, 여러 가지 가설들과 실험들이라고 해봤자, 이럴 때 인간은 이렇게 반응한다, 저럴 때 저렇게 반응한다 수준이며, 이런 상황에서 이렇게 판단한다, 저렇게 판단한다 하는 개별 사례들을 모으는 정도입니다.

즉 "인간의 마음이란 이런 것이다"라고 말할 수 있는 사람은 없다는 것입니다.

아직까지는 우화 속에 나오는, 시각장애인들이 코끼리 만지는 식으로, 이런 면이 있고, 저런 면이 있다라는 정도이지, 그런 면들을 입체적으로 조합해서 하나의 통합된 이미지조차를 만들어 내지는 못하고 있습니다.

다만 현재까지 드러난 면들을 종합해서 보면, 인간의 마음이란 하나의 프로그램 안에서 작동하는 여러 기능이 아니라, 여러 프로그램들이 상황에 따라 각각 작동하기도 하고, 함께 작동하기도 하는 그런 복잡한 형태라는 것입니다. 즉 인간의 마음이란 단일체가 아니라 조그만 마음과 마음 들이 모여서 이룬 군집과도 유사한 형태라는 것입니다.

작은 군집들이 모여서 큰 군집이 되고, 여러 군집들이 또 그룹으로 모여서 다른 형태의 집합을 만들어내는 것, 이런 것들이 의식의 세계에서도 일어나고 있습니다.

이런 경우를 설명하는 좋은 예가 '집단지성'이라는 것인데요, 개미 한 마리 한 마리의 지능은 아주 낮지만, 개미 집단의 지능은 복잡한 굴을 파거나, 사회적 업무를 수행할 수 있을 정도의 높은 지능을 보인다라는 것입니다. 이런 현상을 설명해주는 문구가, "우리는 나보다 더 똑똑하다"라는 것입니다.

지능의 경우뿐만 아니라 마음과 의식의 경우에도 '군중심리', '집단의식'이라는 것이 있습니다.

개별적인 나의 마음, 너의 마음들이 모여서 집단이 되게 되면, 마음이 더 보편화되고 구체화됩니다.

이런 것들이 왜 중요하냐고 하면, 정상적인 상태의 우리의 마음의 작동, 즉 어떤 대상에 대해 호감이 가거나, 불편한 마음이 생기는 것, 기분이 좋아지거나 상황에 따라 나빠지는 것, 대상에 대한 이해력이 좋을 때와 직감이 좋을 때, 위험한 상황에서 자기도 모르게 긴장이 일어나는 현상 등 그런 정상적인 작동조차도 어떻게 작동하는지 그 원리를 모르고 있는 상황이므로, 정신병리학적인 상황, 즉 신경정신과 질환이라고 부를 수 있는 상태에서는 "도대체 왜 그런 문제 상황이 일어나는지에 대한 정확한 원리 자체는 아직까지는 알 수 없다"라는 것입니다.

원리를 모른다는 것은, 우리의 마음과 의식, 지능이 어떤 중심 원리가 정해지고, 그것에 경우의 수가 더해져서 이럴 땐 이렇게 반응하고, 저럴 땐 저렇게 결정하는 방식으로, 위에서 아래로 내려가면서 모든 것이 만들어진 것이 아니라, 몸을 구성하는 여러 세포들의 의식들이 뭉쳐서 만들어낸 것이 우리 의식이므로, 이것의 작동 원리는 합리성이 아니라, 마치 다민족국가의 여론이 움직이는 것과 같은 형태를 띠게 됩니다. '이성적', '합리적'이라는 단어에 기준한다면, 다분히 충동적이라고 볼 수 있습니다.

즉 정상을 모르기 때문에 비정상이 어떻게 일어나는지 모른다는 것이며, 비정상적 정신 상태의 사례를 모을 수는 있어도, 정상적인 정신이 어떤 것이며, 어느 정도까지가 정상적인 상태라는 것을 규정할 수가 없습니다.

이것이 인간의 마음과 그것이 좋지 못한 상태에 놓여 있는 것을 개선시키려는 노력을 시작하려고 할 때, 첫 번째로 마음에 담아야 하는 것입니다.

마음이 어떻게 움직이는지는 아무도 모르고, 당연히 그것이 잘 못된 반응을 보일 때 왜 그런 일이 일어나는지는 더더욱 모른다 는 것. 다만 어떤 상황에서 그런 반응이 좀 더 심해지고, 좀 더 편해지느냐 하는 것은 관찰되어진 부분이 있고, 경험이 좀 쌓여 있다는 정도입니다.

그런데 마음의 세부적인 원리를 알고 모른다는 기준이 있을 때, 우리 자신의 수준은 어느 정도일까요? 마음이 움직이고 작동 하는 것은 우리가 살아 있기 때문일 것이고, 살아 있어서 일어나 는 부분이라면 세포가 관여하지 않을 수가 없습니다. 그렇다면 어느 세포까지가 마음에 중요하게 관여하는 부분이며, 어느 세포 층은 마음과 비교적 무관한 부분일까요?

만약 PC의 경우를 기준으로 든다면, 윈도우의 프로그램 코드 가 어떻게 짜여져 있고, 프로그램의 시작과 끝을 알며, 그 기반 위에서 응용프로그램이 어떤 방식으로 상호작용을 하며 동시에 실행되고 있는지, 또 CPU와 램을 얼마나 나눠서 쓰고 있는지, 하드웨어를 어떻게 통제하고 있으며, 에너지 사용량을 조절하는 지 등을 PC 업계에서는 아는 사람들이 있겠지만, 인간의 두뇌와 마음에서는 그렇게까지 아는 사람들이 없습니다.

아무리 대단한 마음과 의식의 전문가, 유명한 신경정신과 전공 자라도 PC의 전문가와 비교한다면, 전원키를 누르면 켜진다든지, 브라우저는 인터넷 연결에 쓴다든지, 여러 프로그램을 한 번에 실행시키면 어느 한계부터는 처리 속도가 느려진다든지 하는 일반 사용자 수준의 지식 밖에 없기 때문에 인체의 마음과 의식에 대해 접근할 때에도 세세하고 정확한 작동 원리에 따른 해석을 한다기보다는 그 사람이 그냥 겉으로 호소하는, 표현하는 설명에 의해서 분류하고 병명을 붙이고 있는 현실입니다.

즉 일반적으로 다른 질병들은 병의 원인에 의해서 병명을 나누고 이름을 붙이지만, 신경정신과의 질병들은 원인이 아니라 환자가 설명하는 자신의 느낌과, 겉으로 보이는 모습에 따라서 병명을 결정합니다.

예를 들면, 다른 진료 과목에서는 원인에 따른 분류를 하기 때문에, 일반 감기에 걸려서도 열이 나고, 체해서도 열이 나고, 충수염에 걸려서도 열이 나기도 하고, 심지어는 충치가 생겨도 열이 나기 때문에, 원인을 병명에 붙이지, '발열'이란 겉으로 드러난 증상을 진단명으로 붙이지는 않습니다. '발열'이 병명이 되는 경우는 없다는 이야깁니다.

그런데 신경정신과에서는 원인이 무엇이든지 간에 (사실 위에서도 설명했듯이 작동 원리를 모르기 때문에, 증상의 발현 원리를 모르기 때문에) /"우울감과 무기력감이 든다"라고 하면 우울증, "잠을 잘 못잔다"고 하면 불면증, "마음이 이상하게 조마조마하다. 원인을 모르게 불안하다"라고 하면 불안장애라고 이름을 붙여주는 것입니다.

그러므로, 우울증과 불면증, 불면증과 공황장애 등은 각각 분리된, 또는 각각 엄격하게 구분지어지거나 나뉘어진 질병이 아니라 증상이기 때문에, 우울증과 불면증, 공황장애, 불안장애, 그외 신경정신과질환들은 동시에 나타나는 경우가 거의 대부분입니다. 어떤 증상을 주로 호소하는지, 어떤 증상이 가장 견디기 힘든지에 따라 그 증상이 주된 병명이 되는 것이 신경정신과에서 진료 시 대처하는 실체입니다.

질병의 증상을 나무에 비유하자면, 잎과 가지가 동쪽으로 많이 나면 우울증, 북쪽으로 많이 난다면 불면증, 서쪽으로 많이 나면 공황장애 하는 식으로 이름을 붙이는 형태입니다. 당연히 한쪽으로만 잎과 가지가 나는 식물이 없으므로, 어떤 병명이든지 간에 주된 증상이 있지만, 다른 증상들도 모두 조금씩은 나타나고 있습니다.

그렇기 때문에 신경정신과에서는 '우울증약＋불면증약＋불안장애 약' 이런 식으로 증상이 심한 순서대로 약을 하나씩 추가해서 투약하게 됩니다.

그 자체로서는, 그런 감정적인 문제와 잘못된 신경작용의 원인과 원리를 알 수 없으니, 당연하고도 합리적인 대처라고 변명할 수도 있겠습니다만, 다른 질병이나, 인류의 과학적 진보에 비하면 문제점이 많은 것도 사실입니다.

철학과 종교의 영역에서는 인간의 마음, 영혼 등에 대한 연구와 탐색이 꾸준히 이어져왔습니다만, 그것이 육체와의 구체적 연결, 즉 철학과 종교의 영역에서 파악한 인간 의식의 구조와 실체가 육체적 현상과 어떻게 대응하는지에 대한 연구가 부족하기 때문에, 즉 육체라는 현실적인 문제를 구체적으로 해결하는 데에 어려움이 있기 때문에 이런 생활상의 문제에서는 대응에 한계를 가지고 있습니다.

만약 다른 사람보다 자주적인 인간이 있다면 이런 사람은 신체적으로 물질적으로 다른 사람과 어떻게 다른가, 영성이 발달한 사람이 특정한 상황에서 보이는 신체적 반응은 일반적인 사람과 어떻게 다르며, 어떤 징후를 기초로 예견할 수 있는가 하는 등 구체적인 문제로 넘어가게 되면 역시 실용적인 도움을 받기는 어렵다는 것을 알게 됩니다.

어떤 분들은 정신의학에서 의식과 무의식, 자아와 초자아 등의 연구와 분류가 있음으로, 인간의 의식과 무의식, 마음이라는 영역을 충분히 알고 있다는 것을 나타낸다고 하기도 하지만, 이것은 듣기에는 그럴듯하지만 실체로서는 부족한 면이 있습니다.

예를 들어 비교하자면, 불교 명상론에서는 인간의 의식을 전오식, 육식, 말나식, 아뢰야식, 암마라식 등으로 분류하는데, 이 또한 소중한 탐색과 연구의 결과이지만, 자세히 들여다보면 인간이라는 실체를 모두 드러내지는 못한다는 것을 알게 됩니다.

참고로 이런 식의 연구는 요가에서도 있고, 한의학에서도 있습니다. 요가의 '미세신'이라는 개념과 한의학의 '정, 기, 신'이라는 개념도 정신적 탐구의 영역에 속합니다. 이런 부분들이 인간정신의 속성과 구조에 대해서는 대략적인 정보를 제공한다고 해도, 무엇이 정상인간인가, 정상인간임을 판별할 수 있는 육체적 근거는 무엇인가 하는 것에는 못 미치고 있습니다.

이런 식으로 다양한 문화권에서 인류가 지금까지 수많은 연구를 해왔음에도 불구하고, 그 모든 연구의 정보들을 모은다고 하더라도 인간의 마음과 의식이라는 온전한 실체로서의 정보는 부족합니다. 당연한 이야기일 수도 있지만 명확히 해야 하는 부분입니다.

그럼 제대로 된 실체의 정보란 어느 정도의 수준을 말하는 것일까요?

우리가 어떤 일이나 물질에 대한 정보를 얻은 것을 '안다'라고 했을 때, '충분히 안다'라는 것은 일이나 물질을 자유자재로 통제하거나, 일이나 사건을 재현하거나, 물질을 합성해낼 수 있는 수준이라고 생각됩니다.

인간의 마음에 비추어 대략 짐작하기에는, 인간은 유기질의 세포로 구성되어 있으므로 일단 세포 수준의 의식의 수준과 그 의식의 물질적 구현 방식을 아는 것은 기본이며, 무의식을 예로 든다면, 무의식에 해당하는 세포 내부의 생화학적 활동과 세포들 간의 입체적인(3차원적인) 작용 방식에 대한 정보와 그것을 재현해낼 수 있는 정도여야 하지 않을까요?

즉 세포를 만들어내고, 그것들을 유기적으로 연결하고, 작동 방식을 조합해내고 가동시켜서, 의식, 무의식, 마음과 자아를 재현해낼 수 있는 정도가 되어야 한다고 보고 있습니다.

이런 인간의 의식에 대한 문제들은 선뜻 이해하기 어려운 면들이 많습니다. 왜냐면 우리가 이의를 제기하지 않고, 의문을 제기하지 않고, 너무 당연하게 받아들여왔기 때문입니다.

우리는 구체적이고 실용적인 이유 없이, 자기 마음에 대해서 궁금증을 가져본 적이 드뭅니다. 내 마음이 왜 이렇게 움직이는지, 마음이 이렇게 반응하는 이유가 뭔지를 궁리하기보다는, 당면한 상황에서 내가 어떻게 행동해야 하는지, 어떤 결정을 내리는 것이 나에게 유리한 것인지를 생각하는 것이 성장 과정에서 더 급했기 때문입니다. 이것을 다르게 말하면 우리가 살아있기 때문입니다.

살아있는 우리의 모습은 아주 어릴 때부터 자연스럽게 받아들여왔던 것이기 때문에 여기에 수많은 의문거리가 있어도 의식을 하지 못한 채 건너뛰게 됩니다. 자기가 왜 한국어를 하는지, 왜 고향이 이곳인지, 왜 할머니·할아버지가 저런 사람인지, 이런 것은 의문의 대상이 아니라, 그냥 받아들여야만 하는 것이었기 때문에 너무 당연한 것이 됩니다. 심지어는 자기가 유한한 생명이라는 것도 흘려버리게 됩니다. 아주 가까운 사람의 죽음에도 시간이 지나면 현재 자기가 어떻게 행동하고 결정하는 것이 더 유리한지만 생각하게 됩니다.

이런 존재에 대한 의문은 청소년이 되고 사춘기가 되면서 어느 정도는 고민을 해야 하는 부분인데, 사회적 요구에 의해 학습과 과제가 중시되다 보니 그냥 넘어가게 되는 부분들도 많습니다. 이런 분들은 자신이 진정으로 무엇을 좋아하는지, 무엇을 원하는지 등 자신의 생리적, 심리적 특성도 잘 모르는 성인으로 자라게 됩니다.

그러니 인간의 마음이 어떤 것인지, 우리는 왜 이런 행동과 마음을 하고 먹게 되는지에 대해서는 과거에는 철학자나 구도자의 몫이었습니다. 최근에는 뇌과학과 명상에 대한 요구가 많아지면서 조금씩 관심이 모이고는 있으나, 진지한 고민은 아직 부족한 편입니다. 요즘의 이런 뇌과학이나 명상에 대한 뜨거운 관심도 실은 어떻게 하면 좀 더 유리한 결정을 내리는 것에 도움을 받을 수 있을까 하는 필요에 의해서 일어난 것이지, 인간 의식의 구조와 형성 원리 자체에 대한 관심은 여전히 부족합니다. 그것은 그만큼 마음에 관한 것은 어려운 면이 많다는 뜻이 됩니다. 마음이란 것의 대체적인 속성은 이런 편입니다. 그러니 다음에서 좀 더 자세하게 알아봅시다.

정신과 의사는 당신에게 관심이 없다
- 마음의 힘을 키우는 명상과 한의학 -

PART
02
우리는
어떤 형태의
존재인가

D

우리는 과연
고등생물인가

인간 심리에 대한 연구는 많습니다. 이런 연구들의 목적은 주로, 무엇을 얻을 것인가에 집중이 되어 있습니다. 제일 많은 분야가 돈을 버는 것, 사업에 성공하는 것, 협상을 잘하는 것, 그리고 이성을 잘 유혹하는 것입니다. 이런 것을 종합해보면, "남에게 이용당하지 않고, 다른 사람과 상황을 이용해서 나의 이익을 얻는 방법에 대한 연구"라고 볼 수 있겠습니다.

요즘엔 이런 내용들을 다루고 있는 자기계발서들이 많지만, 여러 책들을 읽다보면, 각 책의 내부에서도 혼동이 오는 경우가 많습니다. 이 경우에는 이렇게 마음이 작용하지만, 저 경우에는 다르게 작용하고, 이 경우와 저 경우가 겹쳐질 때에는 또 다른 결과가 나오는 등, 결국에는 상황에 따라 다르게 판단하라는 식이 많습니다. 각 책마다 주장이 다를 뿐만 아니라, 동일한 책 앞에서도 앞 장에서는 "이렇게 하라"고 그랬다가 바로 다음 장에서는 "그럼에도 이런 것도 필요하다" 이렇게 나옵니다. 그럼 "이렇게 할 때"와 "다른 것도 필요할 때"는 어떻게 구분하며, 그 당시에는 어떻게 행동해야 할까요?

책으로 연애를 배워서 연애고수가 될 수 있을까요? 상황마다 다르게 응용하라는 이야기가 이런 책들에는 꼭 있습니다. "상황마다 다르게 행동하는 것을 파악하는 것이 노하우"라는 뜻도 있지만, 그 배경에는 인간의 심리 자체가 일관적이지 않다는 것을 말하고 있습니다.

인간 심리에 대한 연구들을 예로 들어본다면, 현수교 효과, 피그말리온 효과, 후광 효과, 크레스피 효과 등 셀 수 없는 용어들이 있습니다. 각각의 이론과 사례 들은 많은 학자들이 시간과 노력을 투자해서 의미를 부여하고 분류하고 정리해낸 것으로, 그 자체만으로는 인간 탐구의 결실로서 존중 받아야 하지만, 이런 여러 용어들을 읽다보면, 인간이란 과연 무엇인가 하는 의문에 빠져들 수 밖에는 없습니다.

왜냐면 읽으면 읽을수록 인간은 안정적이지 않다라는 결론을 얻을 수 밖에는 없기 때문입니다. 하나하나의 챕터를 읽어가면 과연 그렇구나, 이런 면이 있구나 하는 것을 알게 되고, 빠져들게 되고, 신뢰할 수 있게 되지만, 다 읽고 나서 현실과 마주서는 순간에는 그런 지식들이 크게 도움이 되지 않는다는 것을 느끼게 됩니다.

 이런 현실은 결국에는 인간이란 뜬금이 없는 존재, 예측할 수 없는 존재라는 것을 절실히 느끼게 해줍니다. 큰 틀에서의 집단적 심리 반응은 어느 정도 예측이 가능할 수도 있지만, 개별 인간의 심리라는 것은 어디로 튈지 모르는 것입니다. 이런 예측할 수 없음에 대해서는, 인간은 워낙 복잡한 존재로서, 한두 가지의 관점에서는 파악할 수 없는 것이며, 수많은 연구에도 불구하고 아직 모르는 것이 많은 분야라는 식으로 설명을 합니다(다만 침착하고 진지하게 이런 설명들을 분석해나가다 보면 누구라도 같은 결론에 도달하게 됩니다. '변명 같은 해명'이라는 것을. 물론 이런 변명 자체도 꼭 필요하긴 합니다. 학자들이 여러 힘든 노력을 하고 있는 것은 확실하며, 최종 결론에 도달하지 못했다 하더라도, 학문적 성취가 느리더라도 한 걸음씩 나아가고 있는 것은 충분히 긍정적입니다).

 실제 일상생활에서의 우리 마음이란 것도 역시, 변하지 않는, 일정한 감정들, 예를 들면 확정적인 사랑이라는 감정이 있는 것 같다가도 배신을 당하거나 경쟁심이 붙으면 금새 미움으로 변해서 잔인해지기도 하고, 이것이 좋은 것 같다가도 다른 사람의 말 한마디에 금새 다른 것이 좋아지기도 합니다.

 진열대의 상품 배열을 조금만 바꿈에도 소비자가 구매하는 물건의 선택이 달라지기도 하고, 배가 부를 때와 고플 때에도 상품을 선택하는 결과가 달라집니다. 사귀는 상대방의 옷차림에 의해서도 마음이 달라지며, 상대방이 말하는 내용이 아니라 말하는 음성의 음역대에 의해서도 그 사람에 대한 우리의 호감도와 감정들이 미묘하게 달라집니다. 이런 것을 이용해서 진실을 속이거나 위장하는 방법들도 꾸준히 발달해왔습니다. 대표적인 것이 화장이나 패션, 화술 같은 것이겠습니다. 더군다나 이런 반응들도 알기 쉬운, 일정한 형태의 규칙대로 정확하게 나타나는 것이 아닙니다.

이렇게 우리는 상대방이나 물건의 진실과 실체와 정확한 가치를 평가하고 인지하며 결정을 내리고 반응한다기보다는 상대적으로 비합리적이고 설명할 수 없는 행동과 결정을 많이 하는데, 이런 인간의 행태는 인간이 고차원적으로 발달해서 인과관계가 분명한, 그런 체계적인 복잡함에 의해 일어나는 것일까요?

인간의 의식과 마음, 감정 등의 구조가 체계적으로, 우리가 이해하지 못하는 수준에서의 고도화를 이루고 있어서 저런 현상들이 나타나는 것이라면, 우리는 언젠가는 이런 마음의 각종 변화를 예측하고 조절할 수 있게 됩니다. 인간이 고도화되어 있다면, 이런 반응들은 우리가 아직은 알지 못하고 있는 알고리즘들, 즉 변수를 입력하면 결과가 나오는 방정식이 있다는 것이며, 결국엔 시간의 문제이지 끝내는 알게 된다는 것입니다.

그래서 결국에는 서로가 서로의 마음을 다 알게 되고, 어떤 조건에 의해 우리 마음이 변하고 다른 사람의 마음이 어떻게 움직이는지 다 계산해내고 예측해낼 수 있는 세상이 올 것이라는 이야기가 됩니다.

그러나 과연 그럴까요?

만약, 우리가 움직이고 활동하고 생각하고 느끼는 모든 기능들을 크게 세 가지로 나눈다면,

1. 인체라는 하드웨어를 유지하는 기능

생명을 유지하는 생명 유지장치로의 기능으로서 오감을 느끼고, 오장육부를 움직이며, 외부 자극에 면역 체계를 형성하고, 호르몬 대사를 조절하며 평형기능과 세포의 세대교체를 통솔하며 외부에서 음식을 구하고 위험 요소에 대응하는 근골격계를 조정하는 기능

2. 감정을 느끼는 기능

오감으로 표현되는 여러 정보들을 모아서, 지금 상황에 대한 종합적인 분석을 '감정'이라는 형태로 종합하는 기능

3. 인지와 이성의 기능

느껴지는 모든 것을 종합해서 미래의 계획을 세우고, 감정으로 표현되는 현재 상황 너머의 상황을 분석하는 기능

이렇게 나눌 수 있습니다.

인간이라는 자아의식과 또한 그 자체로 알 수 없이 애매모호하지만 존재하는, '인간의 마음'이란 것이 체계적이고 합리적인 코

드에 의해 일목요연, 일맥상통하게 형성되었다면, 즉 애초부터 히나의 완성된 큰 설계도에 의해 만들어졌다면, 인체의 가가의 기능들이 독립적으로 작동을 해야 합니다.

우리가 너무 익숙하게 생활해왔고, 당연하게 생각하고 받아들여와서 거의 의문을 느끼지 못했던 것이 이런 것들입니다. 이 이외의 것이 있을 수 있다는 것을 누구도 상상하지 못했던, 그러면서 잘못되었다거나, 완성도가 부족하다는 것을 심각하게 인식하지 못하고, 당연한 것으로 받아들이며, 실존과 존재계의 문제가 아니라, 이것을 이해하지 못하는 자신의 문제라고 받아들이며 착각하고 살아왔던 그런 진실들이 분명히 존재하는데, 그것이 바로 우리가 이상하다는 사실이며, 우리가 그것을 인식을 못하고 있었을 뿐입니다.

우리는 뭔가 좀 이상합니다. 우리는 고도로 발달된 존재라고 배우면서 자라지만, 실제로는 그렇지 않다는 사실이 드러나게 됩니다.

우리가 생각보다 덜 고도화, 최적화되어 있다는 근거, 즉 우리가 엉성하게 만들어져 있다는 증거는 많습니다. 일단 심리학적 여러 개념들이 서로 상충하는 경우가 많다는 것을 제외하고도,

1. 육체와 감정이 서로 간섭하는 경우

우리가 지극히 당연하게 여기는 것들, 태어날 때부터 그랬었기

때문에 전혀 의문을 품지 않는, 그런 삶의 경험들, 생리적인 경험들이 있습니다. 그냥 당연한 것, 처음부터 그랬던 것, 이런 것들을 찬찬히 들여다보면, 큰 학문적인 지식이나 공부가 없어도, 거창한 실험논문들이 없어도, 그냥 핸드폰과 컴퓨터로 인터넷만 할 정도가 되면, 금방 알 수 있는 것들이 있습니다. 그런 것들을 예를 들어 보면,

가. 감정에 따라 신체의 감각이 변한다

- 한참 맛있는 음식을 먹다가, 갑자기 놀랄 일이 생기거나, 기분 나쁜 사람을 만나게 되면 그토록 맛있던 음식도 어느 한 순간에 맛이 없어집니다.
- 세상이 한참 희망적으로 느껴지는 때에는 하늘도 맑아 보이고, 몸도 가볍지만, 불길한 생각이나 뉴스를 접하는 순간, 하늘이 어둑어둑해 보이고, 몸도 무거워집니다.
- 좋아하는 사람과의 신체 접촉과 싫어하는 사람과의 신체 접촉은 차원이 다를 정도로 극과 극의 촉감을 느끼게 됩니다.

나. 감정에 따라 신체의 작용이 변한다

- 화가 나면 속이 더부룩해지거나 답답해지고 위장이 붓는 등 소화기능이 떨어집니다.
- 스트레스를 받으면 숨쉬기가 곤란해집니다.
- 기분에 따른 근력의 차이가 있습니다. 그러므로 프로 운동선수들은 경기 전후로 컨디션을 조절하는 테크닉 중에는 긍정

적인 감정상태를 유지하는 것이 필수적으로 들어있습니다. 그리고 점점 중요해지고 있습니다.

모두가 너무 당연하게 우리가 매일 겪는 일들입니다. 그렇기 때문에 무엇이 문제인지 잘 모르고 지나가는 경우가 많습니다만, 만약, 우리가 돈을 내고 구입한 컴퓨터에서 이런 일이 일어난다면 어떻게 생각할까요? 어떤 프로그램을 실행시킨 상태에서 아무 키나 누르면 프로그램의 색상이 변한다든지, 프로그램의 속도가 느려진다든지 하는 것을 가정한다면, 당장 고객센터에 불만신고를 하거나 게시판에 부정적인 후기를 남기겠죠.

우리가 우리의 몸에 너무 익숙해져서 그렇지, 이 기능이 다른 기능의 영향을 받아서 오작동한다는 것은, 우리가 처음부터 단일 체계로 한번에 만들어지지 않았다는 것을 설명하며 그리 고차원적인 존재가 아니라는 것, 논리와 합리성으로 구성된 존재가 아니며 그렇게 작동되지도 않는다는 것 또한 포함됩니다.

2. 감정과 이성이 서로 간섭하는 경우

이 경우는 설명을 할 필요도 없이 너무 많습니다. 우리가 살아가는 것 자체가 이런 혼돈 속이니까요. 간단한 예를 들면, 한 사람이 마음에 들면, 그 사람의 잘못된 점이나 단점에 대해서 훨씬 관대해지는 것의 경우는 상당히 많습니다. 지지하는 정치인이나,

믿고 따랐던 멘토나 스승의 경우, 또 좋아하는 지인 등 감정이 앞선 상태에서는 그 사람의 행동에 대해서 제대로 된 판단을 내리지 못하게 됩니다.

또한 어떤 경험의 기억이 감정에 따라서 오래 저장되거나, 아니면 왜곡되거나 하는 등 인간 문학의 소재들은 다 이런 감정과 이성 사이의 충돌에 대한 것들이라고 해도 과장은 아닐 겁니다. 실제로 일어난 충격적인 사건·사고들의 경우 목격자들이 각자가 받는 심리적 충격에 따라 현장 기억이 각각 다른 경우가 너무 많습니다. 뺑소니 자동차의 색깔을 기억하느냐는 질문에도 현장의 증인이 여러 사람이면 각자가 완전히 다른 색을 확신한다고 하는 경우도 많고, 특히 시험 기간에 누구나 느낄 수 있는, 처음 접해본 문제가 어렵거나 당황스러우면 익숙하게 풀 수 있던 문제도 논리 전개가 잘 되지 않고, 기억도 나지 않는 상황 같은 것들입니다.

이런 경우는 감정과 인지기능이 서로 영향을 미치는 것입니다.

3. 이성과 육체가 서로 간섭하는 경우

이성적으로 무언가가 옳다고 느껴질 때, 어떤 행동을 하면 스스로에게 극히 좋은 결과를 가져올 것 같은 생각을 하게 될 때, 즉 머리에 좋은 생각이 나게 되면 우리는 몸이 가벼워지고 힘이 나게 됩니다. 반대로 뭔가가 잘못되어간다고 판단이 될 때, 부정적인 생각이 들게 되면 역시 몸이 무거워지고 무기력해지게 됩니다.

또한 몸이 너무 무겁고 피곤하면, 필요하다고 생각되었던 일들이 회의적으로 느껴지게 되고,

아침까지만 해도 좋은 생각으로 여겨졌던 결정이 반대로 부정적으로 보이게 됩니다. 기억력 역시 마찬가지입니다. 몸이 가벼우면 기억력 또한 평균적으로 좋아집니다.

4. 공감각의 문제

공감각이란 하나의 감각기관으로 들어온 신호와 느낌은 각각 대응하게 되어 있으나, 어떤 사람들에게는 그것이 다른 감각기관으로 들어온 신호처럼 느껴지는 경우도 있습니다. 간단히 설명하면, 소리를 들으면 소리로만 느껴져야 하는데, 소리와 동시에 눈 앞에 색이 보이는 경우, 미각을 통해 맛을 느꼈는데 동시에 색깔을 본 것처럼 보이는 경우 등입니다. 이런 경험을 하는 사람들은 보통 2가지 이상의 감각을 동시에 느끼게 됩니다. 즉 음악이 소리와 함께 색깔로 변화하는 것처럼 느껴지며, 글자를 읽어갈 때 냄새가 변하는 것을 느끼게 되며, 어떤 사람들은 뭔가를 만지면 촉감과 동시에 맛으로 느껴지게 됩니다. 상상 속의 느낌이 아니라, 실제 뭔가를 맛보고 있는 것과 똑같은 느낌을 받습니다. 실제와의 구별이 당연히 어렵습니다.

이것이 말하는 것은, 감각기관을 통해서 각각 들어온 다른 신호들을 뇌에서 해석 처리할 때, 혼선이 일어난다는 것입니다. 소리로 들어온 신호가 소리와 함께 시각으로 해석되고, 촉각으로 들어온 신호가 맛과 촉감으로 해석된다는 것은, 우리의 신호 전달 체계가 역시 아쉬운 점이 많다는 사실입니다. 이런 공감각을 느끼는 사람들이 어떤 연구에서는 전체 인구의 10퍼센트 정도 된다는 이야기도 있습니다. 다들 이상하게 보일까봐 말을 안해서 그렇지 의외로 흔하다라는 것을 알 수 있습니다. 하나의 자극을 하나로 해석하고, 둘의 자극을 둘로 해석하는 것, 정확한 입력에 정확한 출력이야말로 우리가 사회생활을 할 때에도 흔히 요구받는 것입니다. 이것을 못하게 된다면, "그 사람 흐린 사람이야"라는 이야기를 듣게 되고, 사회적 경쟁력을 의심받게 되는 것입니다. 우리의 뇌가 생각 외로 자주 혼선을 일으킨다는 것, 그것은 오류가 많다는 것을 말합니다.

5. 다른 사람의 감정과 육체적 상태에 우리가 영향을 받는 것

우울한 사람과 오래 대화해본 적이 있으신가요? 꼭 스스로가 우울증에 걸린 것이 아니더라도, 나 자신의 어렵고 답답한 상황에 대해 친구와 이야기를 나누는 것은 일상적인 일입니다. 그리고 상대방과 집중하고 대화를 나누며 함께하는 시간을 갖고, 충분히 나의 사정을 전달하고 나면, 좋지 않은 감정이 해소된 것 같고, 위안을 받은 기분이 들며, 다시 어느 정도 에너지를 회복한 것 같은 느낌이 듭니다.

 그러나 반대편, 즉 본인의 좋지 않은 상황에 대한 대화를 한 사람이 아니라, 친구의 불편한 이야기를 공유한 사람은 대화 후에 본인도 어느 정도 기분이 가라앉거나 무기력해진 느낌을 느끼게 됩니다. 이런 경우는 대화를 통해서 상대방의 상황을 상상하다보니, 본인의 기분이 바뀌었다고 할 수도 있지만, 실제 여러 실험들에서는 대화 없이 마주 보고 있더라도, 상대방의 기분과 감정이 어느 정도 전염되는 것이 사실이라고 합니다. 이런 현상을 일상에서는 '공감 능력'이라고도 합니다.

 '전염된다'의 뜻은 내가 의도하지 않았고, 그런 감정에 동조하려고 하지 않았더라도, 내 마음이 상대방의 감정에 점점 자연스럽게 물들어가는 것을 말합니다. 이런 것을 진화학에서는 거울신경 때문이라고 설명합니다.

 거울신경이란, 두뇌에 있는 신경 체계, 신경 네트워크를 말하는 것으로, 단일 세포를 말하는 것은 아닙니다. 이 신경 체계는 감각기관으로 체험한 다른 사람의 행동을, 자신이 직접 하고 있는 것으로 느끼게 하고, 다른 사람의 감정을 공감해서 상대방과 동일한 감정을 느끼게 만드는 기능을 말합니다.

 이 또한 진화의 각 단계를 거쳐오면서, 좀 더 나은 생존 활동을 유지하기 위해, 조금씩 신경조직 간의 질서를 형성하고 네트워크 연결 기능을 조금씩 개량하고 발전시키며 집단생활에 필요한 기능을 고도화해온 결과라고 볼 수 있겠습니다.

우리가 외부의 어떤 대상을 볼 때, 그것은 외부에 그대로 존재하는 물질적인 구체적인 어떤 것입니다. 하지만, 오감(주로 우리 피부 차원의 깊이에 감각기관이 존재하는)으로 접할 때까지는 외부의 물체이지만, 그것이 다섯 가지 감각의 신경 네트워크를 통해서 접속이 되는 순간에는 외부에 있는 것이 아니라 우리 내부에 존재하는 전기화학적 코드로 존재하게 됩니다. 마치 카메라로 사진을 찍기 전에는 외부의 하늘과 땅이지만 카메라의 메모리 안에서는 디지털코드로 존재하는 것과 같습니다.

그러므로 언어를 배울 때, 저것은 자동차, 저것은 산, 이것은 연필 하는 식으로 물질적인 대상에 해당하는 것을 배우는 것은 쉽습니다. 동일한 대상에 대한 두뇌 속의 전기화학적 코드와 이름을 일치시키기만 하면 되는 일입니다. 그리고 저것은 자동차라고 할 때, 이 사람이 가리키는 자동차와, 배우는 사람의 자동차는 거의 동일하다고 볼 수 있습니다.

그러나, 슬픔이란 감정에 대해서 생각해보면, A라는 사람이, "슬픈 감정을 느껴서 슬프다"라고 표현을 했을 때와, B라는 사람이 "슬프다"라고 감정표현을 했을 때가 서로 동일한 슬픔일까요? 우리는 당연히 동일하다고 생각하고 살지만, 처음에 다른 언어를 쓰는 사람, 설사 다른 외계 종족과 언어를 주고받을 때를 생각해보면, 이 슬픔, 분노, 우울감, 외로움 등의 감정을 어떻게 똑같이 전달할 수 있을까요?

감정이란 구체적인 외부의 실물이 없고, 그 감정은 상대방 몸속의 전기회학적 현상으로만 존재하는 것이기 때문에, 우리의 오감으로는 상대방의 표정은 볼 수 있을지 모르지만, 그 사람 내부의 전기적·화학적 물질 변화 현상 자체는 알아낼 수가 없습니다.

결국 감정의 전달이란, 거울신경이라는 기능이 없으면 쉽지 않다는 결론을 내게 됩니다. 한 사람이 외로움이라는 감정을 진하게 느끼면서 "외로움"이라고 한다면, 거울신경을 통해 다른 사람은 그 감정을 느끼고, 그것을 통해 외로움이라는 감정과 언어를 배우게 됩니다.

그러므로 거울신경이 없다면, 서로 간의 의사소통 자체가 불가능하게 되고, 감정이란 것은, 언어가 없었을 때에 서로 의사소통하는 도구 였기 때문에, 거울신경이란 것 자체가 포유류의 뇌부터 발달했을 것이라고 봅니다. 이런 이유로 거울신경이란 학습의 도구이기도 하지만, 소통의 도구이기도 합니다. 이런 설명으로만 본다면, 오감의 감지 범위를 넘어선, 첨단의 고도화된 기능이라고 볼 수도 있겠습니다만, 실제로는 아직은 완성되지 않은, 부적절한 일방적인 기능이라고 볼 수 있습니다.

이런 거울신경이론이나 공감 능력이 어떤 기전을 통해서 일어나는지 대략적인 연구는 있지만, 모든 원리를 밝혀낸 상황은 아닙니다. 대체로 시각적인 자극을 통해서 상대방의 경험을 자기 내면의 경험에 연결한다고도 하지만, 이런 연구들에서 주로 제기되는 문제인, '일정하지 않다'라는 것에서 벗어날 수가 없습니다.

어떤 사람들은 좀 더 잘 느끼고, 어떤 사람들은 기능이 형편없이 떨어지며, 이런 능력이 뛰어난 사람이라 하더라도 경우와 상황과, 상대방이 누구냐에 따라서 결과의 차이가 아주 많이 납니다.

'좋다', '나쁘다'라는 것은 비교의 대상이 없으면 성립하지 않는 것이 당연하니, 요즘에 흔히 쓰는 블루투스 스피커나, 블루투스 핸즈프리, 블루투스 이어폰 등과 비교를 해본다면 블루투스를 모르는 원시인에게는 무선으로 연결된 두 기기가 영적이거나 텔레파시 같은 현상으로 연결되어 있다고 보일 수 있겠지만, 현대인에게는 당연한 과학적 인과의 원리가 작동하는 논리입니다.

그러나 만약, 블루투스로 연결된 두 기기가 연결되고 분리되는 규칙이 없고, 연결이 지속되는 일정한 시간이 없고, 연결된 기기 각각의 볼륨이나 네트워크 속도가 제멋대로라고 한다면, 구입하거나 지속적으로 사용하려는 소비자의 욕구는 상당히 낮아질 것이 당연합니다. 인간의 거울신경이란 얼핏 보면 고도화된 기능인 것 같지만, 아직은 작동 방식과 연결대상을 안정적으로 통제할 수 없는, 이제 발달 단계의 어떤 그럴듯한 작동 구조라고 하겠습니다.

만약 우리라는 인류가 고도화되고 일관되게 설계된, 안정적인, 신뢰할 만한 발전 가능성 있는 시스템이라고 한다면, 어떤 감정을 느끼더라도 신체의 내부 작동과 감각은 일정해야 하고, 이성적인 판단력도 일정하게 작용해야 하며, 이성적인 어떤 생각이나 영향도 나머지 감정과 육체에 영향을 미치지 않는, 오직 육체는 육체적인 필요성에 의해서만 움직이고 변화하며, 감정 또한 마찬가지인, 모두 서로 독립적인 작용을 해야 합니다.

그러면서도 어느 한 부분의 일시적인 에너지 수요가 증대해야만 하는 활동이 요구된다면, 다른 기능적 부분들의 안정성을 해치지 않는 범위 내에서 육체적, 감정적, 이성적 에너지 소모량의 합리적 변화를 통해 에너지 공급을 지원하도록 작동하는 최소한의 한계가 있어야 합니다. 하나의 기능을 최대로 작동시킬 때, 다른 기능들이 마비되거나 오작동하지 않아야 합니다.

그러나 현실은 어떤가요? 화가 나서 감정적 영향력이 폭주하게 되면, 이성이 마비되어서 나중에 후회하고 마는 자해적인 행위를 하는 경우가 많고, 이성을 너무 사용하고 감정을 낭비하고 고민함으로써 육체적인 내부 신진대사가 위축되어서 만성병에 걸리는 경우도 너무 많습니다.

인간이라는 존재의 신체적, 감정적, 이성적 활동과 그 구조가 그럴듯하고 고도화된 것으로 보이기는 하지만, 우리가 너무 익숙하게 받아들여왔던 현실을 자세히, 또한 새로 발견한 외계생명체를 연구하듯이 바라본다면, 우리라는 존재가 생각보다 그렇게 발달한 존재가 아니라는 것을 알게 됩니다. 마치 사람이 되다가 만 인어공주처럼, 이제 이성이란 것이 조금 발생하다 보니, 그 이성이라는 돋보기를 지나치게 믿고, 우리가 제대로 된 존재, 즉 이성적인, 합리적인 존재라고 착각하고 있다는 것을 알게 됩니다.

여기까지의 여러 경우의 예와 분석들이 필요한 이유는 인간이라는 것, 마음과 정신과 육체의 관계라는 것을 일목요연하게 파악하는 것이 불가능하다는 진실을 강조하기 위해서였습니다.

인간이라는 생명의 시작이 처음부터 어떤 완성된 설계에 의해 만들어졌다면, 우리는 시간이 지나면 이 생명체를 관통하는 원리를 발견할 수 있게 되고, 전체적인 작동 원리를 알게 된다면, 마음과 물질의 관계, 의식과 육체의 관계, 더 나아가서 영혼이라고 부를 수 있는 영성의 영역까지 어떻게 움직이는지를 알 수 있을 것입니다.

더 나아간다면 마음과 물질을 넘어서 영성과 신이 실재하는지에 대한 의문까지도 해결할 수 있겠습니다만, 만약 구체적인 완성된 설계도에 의해 만들어진 것이 아니라, 시간의 필요에 따라 그때그때 필요한 기능들을 삽입하는 식으로 원시 생명체에서 현대까지 발달해왔다면, 시간이 지나더라도 모든 것을 이성적으로 파악한다라는 것은 불가능하다는 결론에 이르게 됩니다. 즉, 우리의 모든 작용은 그 작동 원인과 과정을 파악할 수가 없고, 따라서 한두 가지 단일 화학약물이나 몇시간의 설득 등으로 바르게 작동하게 할 수는 없다는 것이 사실입니다. 더구나 바르게 작동하는 것이 어떤 것이라는 기준도 없는 상태에서는 더욱 불가능합니다.

다만 어떤 약물의 투약 경험 사례 중에서는, 그럼에도 불구하고 겉으로는 정상적으로 작동하는 것처럼 보이게 하는 경우도 있습니다만, 무너진 불균형을 바로잡지 않고 시간을 끄는 것은 더 큰 구조적 문제를 불러일으킵니다.

인간의 구조와 마음의 속성, 그리고 그에 의해 문제가 생겨도 대처하는 단일한 방법이 나오기 어려운 것에 대해 알아봤습니다만, 이런 식의 분석은 실제적 일상생활에서 마음의 문제를 해결하거나 도움을 받는 데에는 크게 도움이 되지 않습니다.

즉 그럴듯한 형이상학적인 설명이지만 실제적인 현실에서 우리 손에 잡히는 도구로서의 도움이 되는 설명은 아닙니다. 일상에서 도움을 받으려면, 그럴듯한 설명이 아니라, 어느 정도 예측 가능하며, 심한 정도의 차이를 어느 정도 측정할 수 있는, 수치화까지는 아니더라도 어느 정도 공유 가능한 수준까지는 와야 합니다. 그렇지 않다면, 이 경우 저 경우에 따라 말이 달라질 수 밖에는 없는, 그런 듣기에만 그럴듯한 일이 됩니다.

그러기 위해서는 사람의 마음이란 것과, 육체와의 관계가 어떤 형태의 것이며, 어떤 과정을 통해서 만들어져왔는지에 대한 좀 더 구체적인 정보가 필요하게 됩니다.

E

인체라는 실체
-인체의 복잡성

뇌과학적인 — 해부학적인 결과를 다른 동물들과 비교해서, 동물의 진화 과정을 참고해서, 마음과 의식을 이해하려고 하는 연구들이 있습니다. 대표적인 것이, 인간의 뇌에는 그동안 진화의 과정을 거쳐오면서 만들어진 기관의 흔적들이 남아 있다는 것인데, 인간의 뇌에는 파충류의 뇌, 포유류의 뇌, 그리고 영장류의 뇌라는 각기 다른 그룹이 동시에 존재하고 있다고 하는 설명입니다.

수천만 년의 진화의 과정을 거치면서 파충류의 뇌가 생기게 되었고, 그 파충류의 뇌를 바탕으로 진화를 거듭해 포유류가 되었으니 파충류의 뇌 위에 포유류의 뇌가 새로운 층으로 생기게 되었고, 그 위에 영장류의 뇌가 파충류, 포유류의 순차적 진화의 단계적 결과를 기반으로 발전해서 얹히게 되었다는 이야깁니다.

다시 말하면 파충류의 뇌가 업그레이드되어서 포유류의 뇌가 되고, 포유류의 뇌가 다시 업그레이드되어서 영장류의 뇌가 되었다는 겁니다.

이 이야기는 '어류 → 양서류 → 파충류 → 포유류 → 인류'로 진화해왔다는 학설에 기반을 두고 있습니다.

파충류의 뇌를 가졌을때는? 당연히 파충류였겠습니다. 오직 생존경쟁과 투쟁, 즉각적인 주변 자극에 대한 반응, 위험에 대한 경고가 가장 중요한, 그냥 생각 없고 이성 없는, 오직 자기만 아는 파충류로서 우리는 존재했었을 겁니다. 아니 '우리'라고 말할 수는 없고 그냥 파충류였겠습니다만, 위의 설명대로 파충류의 뇌 구조가 어느 정도 남아 있다고 보면, 우리 마음과 행동의 일부분이 파충류적으로 작용하는 것이 있다는 것을 설명하는 데에 도움이 됩니다. 두뇌 속에 파충류의 뇌 구조가 남아 있다는 것은 파충류의 생명 유지 방식이 어느 정도 유지 되고 있다고 볼 수 있고, 파충류의 의식이 일정 부분 남아 있다고 볼 수도 있겠습니다.

그 이후 파충류에서 포유류로 진화하고, 다시 영장류로 진화해왔는데, 당연히 그 전대의 구조적 기반을 바탕으로 진화해온 것이기에 이 세 가지 뇌는 서로 각각 연결되어 있고 영향을 미칩니다. 파충류의 뇌가 모두 없어지고 포유류의 뇌가 생긴 것이 아니라 파충류의 뇌의 일부가 포유류의 뇌로 개선되었다고 생각하는 것이 좀 더 나은 설명일 것입니다.

이렇게 보면, 파충류의 뇌, 포유류의 뇌, 영장류의 뇌는 모두 각각 연결되어 있고 서로 영향을 미친다고 설명할 수도 있고, 컴퓨터로 치면 중요 부품을 공유하고, 중요 설계와 코드를 그대로 보존하거나 개량하는 방식으로 점진적으로 수백만 년의 시간 동안 진화해온 것입니다.

그 과정에서 진화의 여러 단계와 갈래길에서 설계상에서의 결함이 생기거나, 중요 조직을 공유하는 실행적 과정에서 심각한 오류가 생긴 종은 도태되고, 그나마 합리적인 종들만 생존에 성공해왔으니, 진화의 흐름 중에서 현재라는 시점에서 뒤를 돌아 과거를 보면 그냥 성공적이라고 볼 수 있지만, 과거의 파충류에서 영장류라는 미래를 향해 진화를 해나가야 하는 입장이라면 수많은 실패를 가정하더라도 성공을 속단할 수 없고, 그 과정을 미리 상상할 수조차 없는 어렵고도 긴 과정을 거쳐야 하는 일이었다는 것을 짐작해볼 수 있겠습니다.

진공관 TV를 실제로 사용해보신 분들이 그렇게 많지는 않겠습니다. 지금에서야 8K 평면 TV 등이 당연한 것이겠지만, 브라운관 TV 시대의 개발자 입장에서 오늘날의 전자산업까지 개발하라고 한다면, 그 난관은 상상하기조차 힘들었을 것입니다. 더구나 진화라는 개념은 한 종이 끝나서 다른 종이 시작된다기보다는, 기존의 종의 변형을 통해서 새로운 종으로 점점 탈피하듯이 변해가는 것이기 때문에, 오늘날의 신제품 개발처럼 새로운 틀과 개념을 먼저 잡고 난 다음, 체계적으로 하부 구조부터 설계해서 필요한 부품은 만들어가며 된 것이 아니기 때문에 기존의 구조의 업그레이드라고 볼 수 있습니다.

도마뱀의 앞다리의 뼈 구조와 새의 날개 구조, 고래의 지느러미 구조, 침팬지와 인간의 팔 구조는 점점 변형되이지면서 용도에 맞게 개선되어진 것이지, 도마뱀의 다리뼈 구조가 없어지고, 새의 날개가 새로 만들어진 것은 아닙니다. 그랬다면 지금과는 전혀 다른 모양의 새와 고래, 인간의 모습을 볼 수 있겠습니다. 중요한 구조와 작동 원리는 진화를 거치면서도 공유됩니다.

만약 지금도 기존 브라운관 TV의 부품을 어느 정도 사용하면서 거기에 새로운 장치들을 추가해서 평면 TV를 만들어낸다면 제대로 된 현재의 TV와 같은 형태라고 볼 수 있을까요? 지금의 상식과 비교한다면, 어떻게 보면 중구난방이라고 할까요? 기괴한 형태와 기능의 모습일 것입니다.

그러므로 영장류의 특성을 이성 – 생각이라고 본다면, 우리가 순수한 이성과 생각의 존재가 될 수 없는 이유가 전대의 조직과 함께 운용하는 뇌의 구조와 작동 방식들, 즉 일종의 Bios(바이오스)를 아직도 사용 중이기 때문이며, 기능은 구조를 통해 형성되고 구체화되기 때문입니다.

즉 우리의 마음과 생각 속에는 파충류와, 포유류, 영장류의 충동과 생존 욕구, 인간의 이성이 모두 섞여서 존재하는 방식입니다.

각각의 뇌 발달 상태가 작용하는 역할은 이렇게 설명할 수 있습니다.

파충류의 뇌

육체를 통제하고, 조절하고, 작동하는 기능, 외부 자극에 즉각적으로 반응하도록 만들어진, 말 그대로 생명 반응 그 자체로서의 기능, 내장이 움직이고, 호르몬 조절이 일어나고 각종 생리 기능이 주의를 집중하지 않아도 스스로 알아서 움직이도록 하는 기능을 담당합니다.

포유류의 뇌

파충류의 뇌로서만 작동하는 생명체에서 발전하여, 자극에 대한 즉각적이고 단순화된 반응이 아니라 반응을 분류해서 복잡한 상황을 어느 정도 인식하게 된 뇌로서, 여러 단순한 자극들을 분류해서 그것을 언어의 전 단계인 감정으로 느끼게 할 수 있는 기능을 갖추게 됩니다.

영장류의 뇌

가장 나중에 발달한 부분으로서 이성적인 영역을 담당합니다. 이성적인 영역이라는 것은 파충류의 뇌가 느낀 여러 가지 자극들(오감이라는 형식을 사용한)을, 포유류의 뇌에서 파편화된 그 정보들을 유형별로 분류해서 감정이라는 보다 큰 그룹으로 만들어냈다면, 영장류의 뇌에서는 파충류의 뇌가 인지한 오감이라는 정보와, 포유류의 뇌에서 다시 한 번 분석한 감정이라는 정보를 통합 비교해서 이제야 이성과 도덕이라는 개념을 만들어내게 됩니다.

이것은 3층으로 된 석탑과도 유사한 형태라고 볼 수 있습니다. 파충류의 뇌가 생명 유지 기능을 책임져주는 바탕 활동 기반

위에 포유류의 뇌가 좀 더 확장된 생명 유지 기능 즉 주변 동료 생명체들과 정보를 교환하고, 체험하고 있는 환경을 좀 더 넓은 관점에서 인식하는 기능을 작동시키며, 영장류의 뇌가 좀 더 적극적이고 직접적인 주변 동료들과의 의사소통과 여러 정보들을 종합해서 생명 활동에 좀 더 유리한 환경을 선택하거나 만들어내게 해주는, 일종의 좀 더 적극적이고 능동적인 생명 유지 활동을 책임져주는 구조입니다.

이렇게 분류하면, 그래도 "우리의 마음이 3가지 부분으로 나뉘어져 있고, 그나마 체계적이다"라고 생각할 수 있습니다. 그런데 '체계적'이란 말은 "우리가 이해하지 못하는 부분이 있으면, 그것은 노력을 통해 극복 가능한 것이다"라는 의미를 나타내게 됩니다.

"우리가 이해하지 못하는 부분은 우리의 노력이나 지식이 부족해서 존재하는 부분이며, 조만간 이해하지 못하는 부분은 없어질 것이다." 이런 뜻이 됩니다. 사실은 그렇지 못한데 말이죠. 인간의 마음을 이해하려는 노력 자체는 중요하지만, 그것이 100퍼센트 가능하다고 생각하는 것은, 헛된 시간의 낭비일 가능성이 상당히 높습니다.

이것을 좀 더 쉽게 진화론적인 관점에서 설명하면, 초기 생명체의 인지-의식과 작동 구조는 나뭇가지로 얽어서 만든 움집과 같은 형태였을 겁니다. 그런데 인간으로 진화했다는 것은 수억 년 동안 진화를 거듭해가면서, 기존 집을 허물고 새로 짓는 형태가 아니라, 움집을 그대로 사용하면서, 방을 한 칸 넓히고, 2층을 만들면서 초가집으로 짓고, 옆으로 확장하면서 다른 형태의 또다른 방을 늘리고 추가하는 식으로 해서, 지금은 적어도 몇 천만 명이 거주하는 거대한 도시의 구조를 만든 것과 같습니다. 일부 기존 집들은 헐린 것들도 있지만, 어쨌든 옛날 구조에 덧붙이는 방식으로 확장되어온 것은 사실입니다.

생활 구조를 운영하는 데 필요한 전기는 어떨까요? 지금도 개발도상국의 변두리를 가보면, 계획된 전력의 공급망 같은 것은 없고, 옆집에 지나가는 선을 따서(연결해서) 우리 집에 전기를 넣고, 또 거기다 다른 집이 연결해서 사용하고 그렇습니다.

그렇기 때문에 사람들이 많이 사용하는 시간에는 전등들이 깜박거리며 불안정해서 순간적으로 높은 전류가 흐르기도 하고 낮은 전류가 흐르기도 해서, 컴퓨터 같은 안정된 전류가 필요한 전자제품은 수명이 급속히 짧아지기도 합니다.

거기에다 필수적인 상수도와 하수도 같은 것들은 어떨까요? 그야말로 무질서하게 계속해서 덧대어서 지어진, 경제 수준이 낮은 나라의 수도 변두리나 지방 농민들이 급격히 몰려와서 팽창된 그런 지역처럼 공공기반시설의 질서나 효율성을 떠나서, 기본적인 기능도 제대로 작동하지 않습니다.

그런 집들 사이를 걸어다니면 어떨까요? 아마 안내자 없이 가다보면 길을 잃는 미로도 나올 테고, 문이 없는 방도 있고, 창문을 열면 남의 집 벽이 나온다든지, 아마 한국에서도 70년대를 경험한 분들 중에서는 실제로 저런 환경이 기억나는 분들도 있을 겁니다.

또한 그 구조 안에서도 생활 환경에서 심하게 차이 나는 부분들이 있을 겁니다. 환기가 되는 방도 있고, 바람 한 점 안 통하는 복도도 있고, 햇볕이 들어와서 뽀송뽀송한 마루도 있고, 곰팡이가 잔뜩 피고 절반은 물에 잠겨 있는 그런 알 수도 없고 손댈 수도 없는 그런 일관되지 않은 진화의 모습은 자연적인 진화의 입장 즉 자연계와 적응하고 소통하는 구조에서는 그럭저럭 괜찮다고 하겠지만(무에서 출발해서 그럭저럭 안정적인 생존이라는 현상을 확보한 생명체의 입장에서는 놀라운 성과이겠지만), 더 나은 진화의 결과를 원하는 인간의 입장에서는 이해하기 힘든, 말 그대로 비합리의 극치라고 보겠습니다. 공포영화에나 나오는 그런 말도 안 되는 구조이고, 그 동네에서 태어나서 자란 사람도 길을 잃기 쉬운 그런 거대 도시일 겁니다.

이 도시를 이렇게 저렇게 통과해가면서 겪어나가는 느낌이 이성과 감정의 처리 과정이라고 한다면, 왜 그렇게 이성과 감정이 일관적이지 않은지에 대한 답이 드러납니다. 이미 인간의 감정과 이성을 처리하는 회로 자체가 일관되지 않고, 파충류의 신경 구조와 포유류의 신경 구조, 영장류의 신경 구조가 뒤섞여서 당시의 주변 환경에 적응하기 위해 순간순간의 필요에 의해 만들어졌고, 진화의 목적성이 이성의 발달이라는 장기 계획에 따라 달성해야 할 목표를 미리 정해놓고 진화해온 것이 아니라, 진화를 거듭하다 보니 '이성'이라고 부를 만한 것이 우연히 생긴 정도, 이것이 인간의 현재 주소입니다. 그리고 그 생명체의 주된 속성은 비합리성이 될 것입니다.

　그러므로 인간의 이성이란 것이 이럴 때는 이렇게 반응하고, 저런 환경과 상황에서는 다르게 반응하는 등 하나의 일관된 기준에 의해서는 설명할 수 없는 다양성이 나오게 됩니다.

　이것을 "인간은 종합적으로 볼 때, 다양한 반응을 할 수 있는 존재"라고 미화해서 설명할 수 있겠지만, "실재로는 중구난방의 의식 체계와 반응 체계를 가진 것으로서 때론 서로 모순적이기도 한 이성과 감정 반응을 나타내는 아직 덜 진화된 동물이다"라고 생각하는 것이 옳습니다. 아직 인간 진화는 계속 진행되고 있는 중이므로 인간의 현재와 미래의 가능성은 구분해서 인식하더라도 크게 실망할 만한 일은 아닙니다.

　비슷하게, 지구상의 거대한 강과 하천이 조그마한 물줄기에서 시작되고 커져서 바다로 흘러들어가는 본류와 샛강, 지류 들로 성장한 모습을 보면 그 당시마다 주변의 변화에 필요성을 맞춰서 성장한, 구불구불하고 복잡한 나름의 합리성을 가진 것이지만, 인간 중심에서 보면 하등의 존재 이유가 없는, 생존만을 위한 특이성을 보이고 있는 것과 같습니다.

　이런 자연계에서 나타나는 현상들, 도시와 촌락의 형성 분포나, 큰강과 샛강의 자연적 발생등을 '창발(emergence)'이라고 표현하며, 자연적인 변화에 적응하는 가장 효율적인 방식이라고 설명하는 경우도 있습니다.

　이것을 우리가 지향하고 생각하는 효율성의 한계를 넘어서는 더 큰 존재계의 우주적 요구에 적합성을 맞춘, 보다 큰 합리성이라고 설명을 합니다만, 이것 자체가 불합리성과 모호함을 모두 포용하는 자연계 전체를 위한 작동 방식이지, 인간이라는 이성을 가진 존재가 현재보다는 좀 더 초월적이고 이성적인 존재가 되어가면서도 여전히 갖고 가야 하는 부분은 아니라고 생각됩니다.

즉 이런 창발 구조는 이성을 가진 인간이라는 존재만을 위한 것이 아니라, 더 낮은 물리 현상들, 더 낮은 식물 생태계, 더 낮은 초식 생태계 등 이성이 아닌 생존만을 목적으로 활동하고 존재하는, 인간보다 더 낮은 하위의 생태계의 요구를 모두 포용하려는 것입니다.

이것을 인간에게 보이자면 인간은 이성을 가지고 있고, 동물과는 다른 진화된 존재이지만, 여전히 다른 식물과 동물을 먹어야만 생존할 수 있습니다. 인간이 완전히 진화된 존재라면 유기체를 섭취하는 것보다 좀 더 다른 에너지, 예를 든다면 전기 에너지나 수소 에너지 등의 자연 에너지나 자연 에너지를 변형한 어떤 에너지를 바로 이용해서 생명의 원천으로 삼을 수도 있겠습니다.

그러나 식사시간이 되면 아무리 격식을 차리고 도구를 이용하더라도 먹는다는 근본적인 행위의 본질 자체는 초원의 하이에나 떼와 크게 다르지 않습니다. 이 이야기는 인간의 몸안에도 아주 낮은 미생물 단계에서부터 육식동물, 그리고 아주 이성적인 컴퓨터 같은 존재가 동시에 공존한다는 것입니다. 아직 창발이라는 과정에서 초월하지는 못하고 있으며, 진화 과정 중의 여러 전 단계들을 버리지 못하고 재활용하고 있는 것이 진실입니다.

그러므로 바로 우리라는 인간 의식이 물질적인 구조에 기반한 정신적 현상이라는, 이런 사실이 우리 스스로가 우리의 마음과 신경의 구조를 이해하기 어려운 (저는 불가능하다고 생각하는데) 이유입니다. 그리고 이런 것이 또한 한두 가지의 화학약품으로 이성과 감정이라는 것을 부작용 없이 조절하는 것이 불가능한 이유입니다.

만약 부작용 없이 인체의 모든 이성과 감정을 조절하려면,

1. 문제가 되는 이성과 감정이 작동하는 구조의 정확한 범위와, 연관된 세포 단위의 조직까지, 그리고 그 안에서 상호작용하는 전기화학적 네트워크의 실시간을 반영한 완전한 설명서가 있어야 하는데, 이는 각 개인마다 신경 활성 구조가 다르므로, 개인의 성격과 체형, 성별, 식이와 생활습관에 따른 변이에 대한 지식이 개체마다 각각 정리되어 있어야 하고,

2. 각각의 작용을 안정적으로 실시간으로 개입해서 통제할 수 있는, 정확한 약물의 종류와, 실시간 피드백에 의한 약물 용량의 변화, 그리고 정확한 위치에 정확한 약물량이 배달되도록 하는 기술과

3. 그런 모든 구조와 활동 들이, 전체 인체라는 틀 안에서 내부

적인 활성도의 변화에 따라 달라지기도 하고(예: 근육운동이 있거나, 감정 변화가 있거나 하는 등) 외부 환경의 변화에 따라 달라지는 (예: 낮과 밤, 달의 인력 차이, 태양풍, 계절 변화, 사회적 요인, 대인관계 등) 모든 변화의 과정을 현대의 대규모 화학 플랜트처럼 실시간 감시가 가능해야 합니다.

그러므로 현대의 정신의학적 약품치료 현실을 살펴보면, 정교함이나 정확함과는 거리가 먼, 원시인이 투석창으로 슈퍼컴을 찌르고 두들겨서 고치겠다고 하는 것과 다름 없습니다.

만약 어떤 물질이 하루 인체 필요량이 5밀리그램이라고 한다면, 체내에서 생산되는 5밀리그램도 시간에 따른 생산량의 변화가 있으며, 체내 흡수율도 상황에 따라 매 시간마다 조금씩 달라지게 됩니다. 그런데 그 5밀리그램을 한 번에 인체에 넣어서 필요량을 다 공급해줬다고 생각하는 것은, 아이들에게 하루 세 끼를 한 번에 주면서, "자기들이 알아서 먹겠지"라고 생각하는, 상당한 수준의 낙천적인 생각입니다.

그러니 현실의 화학적 약품치료는 생명 반응을 느리게 하거나, 일부분을 고장내거나 하는 정도 밖에는 못하고 있는 것입니다.

그러면 어느 정도가 만족스러운 정도일까요?

그것은 양방향으로 작용할 수 있는 정도의 정보량이 아닐까 합니다. 외부 자극이 신경계에 전달되는 자세한 방식과 자극에 대항해서 일어나는 이성이나 감정의 전기화학적 설명서는 당연히 있어야겠고, 역설계를 통해서 이성과 감정을 만들어낼 수 있을 정도의 지식이라고 봅니다.

자동차나 TV, PC 등을 예로 들어보면, 모두 인간이 만든 것이며, 정확한 설계도도 있지만, 수리가 잘 안되는 경우도 많습니다. 상대적으로 그에 비해서 우리가 가지고 있는, 인간의 신경계 안에서 작동되는 이성과 감정에 대한 정보는 얼마나 될까요?

현대에서 우리가 하고 있는 치료 행위들이, 어느 정도의 정보량을 토대로 이루어지는 행위들인지에 대한 자기 반성적인 인식이 있어야, 자신의 장기적인 건강을 지켜나갈 수 있습니다.

F

마음의 3원색
'정, 기, 신'

혹시 '정(精), 기(氣), 신(神)'이라는 단어를 들어보신 적이 있는지 모르겠습니다만, '정, 기, 신'이란 동양에서 전통적으로 사용해왔던 용어들로서, 전통 한의학의 뼈대를 이루는 이론의 기본 용어이기도 하고, 고대로부터 내려온 명상적 전통인 도교의 핵심 용어이기도 합니다.

역사가 오래된 만큼, 워낙 다양한 설명들이 존재하고, 또 동양학적인 특성상 단어 하나가 문맥과 상황에 따라 여러 의미를 가지는 중의적인 성격을 갖고 있습니다. 쉽게 설명하자면, 인간이라는 현실적 존재(육체와 의식을 가진)의 스펙트럼을 나누는 것이라고 할 수 있습니다. 햇빛은 보기에 하나처럼 보이지만 스펙트럼을 나누게 되면 자외선부터 적외선까지 여러 색을 가진 복합체라는 것을 알게 되는 것과 같습니다.

살아있는 사람을 구성하는 복합적인 3가지 중요한 요소를 나타내는 것으로, 인간을 물질에서부터 순수하게 형이상학적으로 각성된 이성까지 분해해서 스펙트럼의 줄을 세운다면, 3등분을 해서 물질적인 부분에 해당하는 것을 '정', 순수한 정신 쪽을 '신', 그리고 그 둘 사이의 가운데를 '기'라고 설명할 수 있습니다.

이 말은 물질과 정신을 직접 가리키는 것보다는 좀 더 근원적인, 에너지 측면의 활동 상태를 설명하는 것입니다. 얼음과 물과 수증기가 각각의 물질을 가리키기도 하지만, 각 물질의 에너지 상태를 의미하기도 하는 것과 같습니다.

만약 파충류의 뇌, 포유류의 뇌, 영장류의 뇌라고 예를 들어본다면, 각각의 뇌와 신경세포 구조물들이 활동을 하게 되면, 빛과 함께 에너지가 발생하게 됩니다. 그런데 각각의 구조가 다르므로, 활동의 산물인 에너지가 다를 수 있다는 생각을 해볼 수 있겠습니다 (각각의 구조가 다르다는 말은 이 세 활동이 구조적으로 엄격히 나뉘어져 있다는 의미보다는, 자율신경계, 중추신경계, 대뇌, 소뇌 등의 부위들이 활동하고 참여하는 그룹의 분포가 각각 다를 수 있다는 뜻입니다).

좀 더 쉽게 설명하면, 같은 빛을 내는 도구이지만, 백열등의 필라멘트가 내는 빛은 그 고유의 색과 열기가 있고, 형광등의 입자가 내는 빛, LED의 소자가 내는 빛은 각각 구별이 됩니다.

마치 건설중장비의 소음과 정밀공작기계의 소음, 컴퓨터의 소음이 각각 다르듯이 각각의 활동에서 발산되는 에너지는 다른,

즉 구별점이 있게 되고, 그것을 각각 '정, 기, 신'으로 설명할 수 있습니다(완전히 같지는 않습니다. 깊게 들어가면 많이 복잡해지므로, "대응할 수 있다"라는 정도로 이해하시면 됩니다).

마찬가지로 파충류의 뇌가 활동할 때 나오는 빛과 에너지와, 포유류의 뇌가 활동할 때의 빛과 에너지, 영장류의 뇌가 활동할 때의 빛과 에너지는 서로 각각 비슷하면서도 다른 면이 있을 것이다라는 이야기입니다. 즉 파충류의 뇌, 우리 신체를 조절하는 기능이 왕성하게 활동할 때 나오는 에너지가 '정', 포유류의 뇌, 감정을 느끼고 파충류의 뇌와 영장류의 뇌 사이에서 간섭 현상과 조정 현상을 담당하는 기능이 왕성할 때 나오는 에너지를 '기', 영장류의 뇌 특유의 활동에서 나오는 에너지 반응을 '신'이라고 할 수 있겠습니다.

이 '정, 기, 신'은 살아있는 생명에서 관찰되는 것으로, 생명이 사라진다면 없어지는 에너지 반응이라고 볼 수 있습니다. 이 '정, 기, 신'의 에너지 활성도와 상호관계를 그림으로 나타내본다면, 피라미드 구조에 비유할 수 있는데, 피라미드를 아래에서부터 위까지 3등분한다면, 맨 아래인 피라미드 기단부는 '정', 중간 부위는 '기', 피라미드 첨단 부위는 '신'이 되게 됩니다.

왜 이런 구조인가 하면, 가장 지속적이고 다양한 활동을 하며, 다른 에너지 활동의 기본이 되는 것이 '정'이며, '정'이 어느 정도 활동을 하게 되었을 때 그 위에 형성되는 것이 피라미드 중간 부분인 '기', '정'과 '기'가 어느 정도 발달하게 되었을 때, 그 기반 위에 생기는 것이 '신'이기 때문입니다.

그림 1 우리의 의식 구조

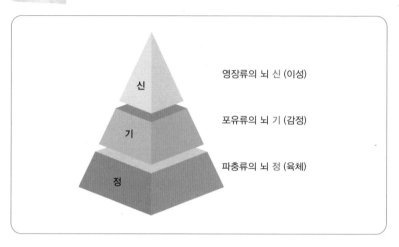

<그림 1>의 모습으로 표현할 수 있지만, 실제로는 이런 형태일 것입니다.

그림 2 '정, 기, 신'이 일정 부분 경계선을 공유하는 형태

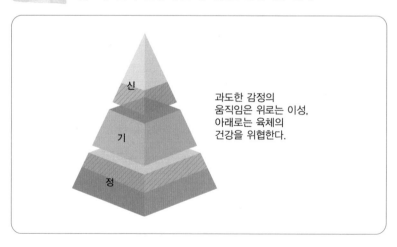

이는 또 다르게 해석할 수도 있는데, 우리가 먹고 잠들고 하는 신체 대사의 결과물이 '정'이고, 그 '정'이 고도화되어서 한 번 정제되고 발전된 시스템에서 나오는 에너지가 '기', 그 '정'에서 '기'로 흐르는 에너지 변환과 발전 과정의 고도화 끝에 있는 것이 '신'이라고 할 수 있습니다.

인간이라는 존재의 진화론적인 발달 단계와도 비교해보자면, 모든 생명이 처음에는 단순한 육체 활동과 환경적응력이 위주이며, 감정 활동이나 의식 활동은 거의 없거나 미미한 정도이지만, 점차 진화를 거듭하면서 점진적으로 감정적 신경 활동의 결과 감정 에너지가 증대하며, 이성적인 구조의 활동이 증가하면서 이성의 에너지 활동이 증가하게 됩니다. 재밌게도 이것은 먹이사슬 피라미드와도 비슷한 이미지가 됩니다. 먹이사슬 피라미드는 포식자 피식자의 관계와 숫자를 나타내기도 하지만, 에너지의 흐름을 나타내는 것이기도 합니다.

그림 3   먹이사슬 피라미드

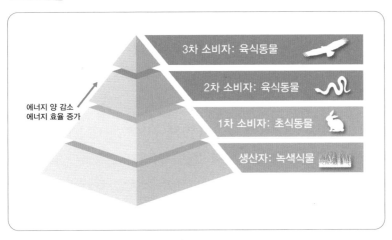

또한 안정적인 구조가 되려면, 아래에서부터 위에까지 적절한 비율이 중요하다는 것을 알아차릴 수 있습니다. 그리고 각각의 층은 서로 상대에게 깊은 영향을 즉각적으로 미치는데, 그 영향을 주고받는 중추가 되는 것이 바로 중간층입니다. 이는 인간의 '정, 기, 신'의 개념에서도 '기'와 '정'과 '신'이 서로에게 영향을 주고받는 에너지 교류와 조절의 센터가 됩니다.

이런 상호관계가 실제 생활에서 어떻게 나타나느냐면, 만약 어떤 일을 해야겠다는 머릿속 생각이 들더라도, 가슴에서 전혀 움직임이 없으면 몸을 움직이기는 힘들다는 뜻이며, 머리로 온갖 생각을 하더라도 마음이 전혀 동하지 않는 것, 그것을 '우울증'이라고 부릅니다.

감정, 마음속의 움직임, 마음 먹음, 가슴속의 열정 등 무엇이라고 부르든지 간에 마음의 움직임이 없으면 '정'과 '신', 육체와 정신은 서로에게 영향을 주지 못하고, 현실감이 없는 과거나 헛된 상상에 빠져 살게 됩니다.

그 외의 신경정신과적 질병들의 일차적 원인은 대부분 이 '기'라는 에너지층, 포유류의 뇌의 문제에서 비롯되는데, 불안이라는 감정이 일어나게 되면 육체적으로는 근 긴장과 위축, 내장 기능의 저하, 심박수의 증가로 인한 두근거림이 나타나게 되고, 감정의 상위인 이성의 활동인 영장류의 뇌에서도 문제가 생기는데, 이것이 '신'의 위축 — 이성적 활동의 저하 등으로 나타나게 됩니다.

누구나 불안하게 되면 인지기능이 저하되고 강박이 나타나기 쉬우며, 생각하는 사고의 폭이 좁아지게 되고, 보다 근시안적인 사람이 됩니다.

　또 불안을 설명하고 싶은 욕구 때문에 머릿속에 들어오는 생각 중에 하나에 사로잡혀서 불안의 원인으로 여기는데, 이는 대부분 틀린 경우가 많습니다. 이성이 불안이라는 중간층의 에너지 대사를 소화하기 위해서 그냥 그럴듯한 이유를 만들어내는 것임에 불과합니다.

　'정, 기, 신'의 에너지 피라미드에서 각각의 층은 상호 영향을 미치지만, 가운데 있는 '기'가 아래 단계의 '정'과 윗층의 '신'에 직접적인 영향을 행사합니다.

　'정'이 약해져서 '기'가 약해지고, 그 다음 '신'에 영향을 미치기에는 순차적인 단계와 그만큼 시간이 걸립니다. 몸이 조금씩 피곤해지더라도 감정이 조금 딱딱해지며 유연성이 떨어지지만 인지가 급격하게 저하되지는 않습니다. 그러나 '기'가 문제가 생기면, 불안이나 분노 등의 부정적인 감정이 생기면 바로 아래층인 육체가 영향을 받고 위의 층인 '신'이 영향을 받아 눈앞이 캄캄해지고 귀가 멍해지며 아무 생각이 없어지는 등의 극한 반응이 일어나게 됩니다.

　현재는 이 '정'이 직접적인 위협을 받는 시대가 아니며, 아직 '신'이 대량으로 과도하게 소모되는 시대가 이제 시작되는 시기이기 때문에 역시 '기－감정'의 소모가 중요한 문제가 됩니다.

　감정이란 것은, 단어 그대로 감정, 즉 형이상학적으로 단독 존재하는 단일한 어떤 무형의 것이라 생각하는 사람들이 많은데, 감정이란 것도 결국 오감의 한 부분과 같습니다.

오감이란 신체의 다섯 가지 감각을 말하는데, 듣고, 보고, 맛보고, 만지고, 냄새 맡고 할 때의 느낌을 형이상학적이라고 생각하는 사람은 없습니다. 그건 말 그대로 신경이 작용하는 물질적인 현상이라고 생각하는데, 감정도 마찬가지라서, 역시 신경이 작용하고 반응하는 것일 뿐이며, 차이점은 다만 일차적이고 물질적인 자극, 단순한 자극에 의한다기보다는 오감으로 들어온 자극을 종합한, 분석 결과의 일종인 분위기에 반응해서 나타난 오감의 상위 작용일 뿐입니다.

예를 들어 오감이 한 가지의 신경이 반응한 것이라고 하면, 감정은 여러 신경의 네트워크가 반응한 보다 입체적이고 넓은 느낌일 뿐입니다. 오감이 신경 자극의 전달이라고 한다면, 감정은 오감으로 전달받은 신호들에 반응해서 중추신경계의 여러 세포들이 벌이는 카드섹션 공연 같은 것이라고 볼 수 있겠습니다.

빛의 3원색인 청색, 적색, 녹색이 겹쳐져서 여러 색을 표현해내듯이 여러 감각이 전달해온 정보들을 자신에게 유리한 상황인지 불리한 상황인지를 함축적으로 표현한 것이라고 할 수 있습니다.

이런 '정, 기, 신' 개념을 이루는 체계 가운데 떼어놓을 수 없는 것이, '단전'이라는 것입니다. 단전이란 인체 내에 있는 에너지 반응점, 에너지 센터, 에너지 반응이 나타나는 곳 등 여러 말로 설명 가능한데, 또는 명상계에서 세계적 명상 장소들을 설명할 때 말하는 볼텍스(Vortex) 같은 것이 인체 내에 있는 것을 말합니다. 볼텍스란 일종의 명당 같은 곳으로서, 유명한 곳으로는 미국의 세도나가 있습니다.

옛날 사람들이 꾸준히 관찰한 결과, 인체의 여러 기능들이 변화할 때 그런 변화에 대응해서 모종의 변화와 반응이 반복해서 동일하게 나타나는 부위들이 있고, 그중에서 특별히 인체 내의 종합적인 에너지 대사에 민감한 부위들을 '단전'이라고 부르게 됩니다.

'단전'에는 상·중·하가 있어서, 하단전, 중단전, 상단전이라고 보통 부릅니다.

하단전은 배꼽 조금 아래의 부위를 가리키며, 중단전은 양측 유두의 가운데 흉골선, 상단전은 이마 한가운데를 보통 가리킵니다.

이것이 왜 이 부위 인지는 아무도 모르며, 오랫동안 인체의 변화를 관찰한 결과, 생각이 과잉될 때 상단전 부위가 불편한 느낌이 오며, 또 남들보다 생각이 많은 사람, 또 남들보다 머리가 좋은 사람들이 이마 한가운데 부위가 남들보다 활성화되어 있다는 것을 알게 된 것 뿐입니다.

반대로 육체적 활동이 최적화되고 넉넉할 때, 마음이 차분하게 안정되는 것 같으면, 아랫배의 특정한 부위가 든든하다든지, 충만한 느낌이 들며, 주변 상황에 대해서 감각적으로 깨어 있으며, 정서적 기능이 활발할 때, 감정이 격할 때, 감정이 소모되어서 고갈되었을 때에도 역시 가슴의 특정한 부위에 반응이 있다는 것을 알게 된 것뿐입니다. 이 상단전·중단전·하단전을 또 비유하자면, 상단전은 영장류의 뇌의 활동을 대표하고, 중단전은 포유류의 뇌, 하단전은 파충류의 뇌 활동을 반영한다고 할 수도 있겠습니다.

결국, 인간의 의식은 여러 단계의 의식이 피라미드 모양의 퇴적층처럼 발달 단계를 거쳐가면서 쌓여 있고, "하단전, 중단전, 상단전의 부위들이 각각의 의식층의 활발한 정도가 육체적으로 드러나는 출입단말기다"라고 할 수 있겠습니다.

굳이 각 단전의 부위에서 반영된다, 활성도가 드러난다고 하지 않고, '단말기'라고 표현한 이유는, 생명 활동의 변화가 드러나기도 하지만, 그 부위를 적절하게 자극을 하면, 드러나는 것의 반대로, 숨은 활동을 자극해서 활성 반응을 이끌어낼 수도 있기 때문입니다. 즉, 반응을 볼 수도 있고, 활성도를 이끌어낼 수도 있는 수단으로서의 역할을 합니다.

상, 중, 하단전이란, 그 자체로서는 인체의 각 부위들에서 반응이 나타나고 활동하지만, 손가락을 만지면 그에 해당하는 뇌의 부위가 활성화되듯이, 상단전, 중단전, 하단전이 각각 활성화됨에 따라 대응해서 반응하는 뇌의 범위가 다를 것이라는 것을 이해할 수 있습니다.

그러므로 단전이란 뇌를 포함한 중추신경계, 자율신경계가 서로 상호작용해서 만들어지는 현상으로서 역시 오로라와 같은 성질을 가진다고 보겠습니다. 오로라는 출렁이는 빛의 커튼처럼 보이지만 실제로는 태양풍과 지구자기장, 대기층이 반응하여 일어나는 것으로, 실체는 물결이 아니지만 물결처럼 보이는 그런 것처럼, 단전도 그와 같은 현상이며, 이것은 결국 신경계가 반응하여 일어나므로 여러 의식과 의식, '정, 기, 신'의 신호가 상호작용해서 나타나는 것입니다.

우리가 신경정신과 질환, 즉 우울증, 불면증, 불안장애 등의 불편함을 앓는다는 것은, 어떤 이유에서든지 육체와 정신에 문제가 생겼다는 것을 말하며, 좀 더 세분화해서 들어가면, 육체를 이루는 여러 구성 요소들과, 그 요소들을 통합하고 조정하며, 더 높은 상위의 개념으로 묶어가는 여러 신경들, 즉 말초신경, 중추신경, 대뇌 등의 불화, 오작동, 부분 작동 불량, 계통 작동 불량 등 현재의 개념으로서 예측할 수 있는 부분들 이외에도 다른 문제점들이 있을 것이라는 사실을 추정할 수 있습니다.

그리고 이 책의 지난 많은 부분들이, 그런 문제점들 자체가 예측하기도 쉽지 않으며, 파악하기는 더 쉽지 않고, 일목요연하게 설명하기는 더욱 어려우며, 그에 맞는 수정책을 세우는 것은 요원하며, 수정안을 실시간으로 해당 부위에 적응시키는 방법은 상상조차도 할 수 없는 그런 범위에 해당한다는 것을 설명했습니다. 그러므로 앞 장에 서술했듯이, 서양의학에서는 주로 진통, 진정제 개념의 약물들을 투여해서 해당 부위의 작동을 중지시키는 치료를 하는 것입니다.

마치, 여러 개의 톱니바퀴로 되어 있는 거대한 엔진이 달린 복잡한 기계가 작동될 때 진동과 소음이 발생하면, 부품들의 마모

도나, 조립 불균형을 해소해서 역학적, 재료공학적 불합리를 해소시켜서 진동과 소음을 줄이고, 기계 자체의 쓰임새를 향상시키는 것이 아니라, 엔진을 끄거나, 가동률을 낮춤으로써 진동·소음 대책을 세우는 것과 같은 일입니다. 진동과 소음은 줄어들지 몰라도, 이 복잡한 기계 자체의 목적, 생산성은 어느새 뒷전으로 미루어지고, 기계 자체의 생산성은 많이 떨어지게 될 것이라는 것은 누구나 짐작할 수 있습니다.

그러므로 '정, 기, 신'과 '상, 중, 하단전'의 개념이 획기적이고도 중요한 이유는, 의식이라는 것을 모호한 영혼이나 마음 등의 애매한 불확실한 개념으로 파악하는 것이 아니라, 실체로서의 의식을 여러 층으로 좀 더 세분화된 그룹으로 나눠서, 각각에 해당하는 부위의 활성화 정도를 파악하고, 그에 해당하는 대응 방법을 적용해볼 수 있는 기준을 마련해주었다는 점에서는 큰 의미가 있습니다.

다만, 이 방법 또한 역시 특정 부위, 특정 신경고리 중에 어느 부위의 문제인지까지 파악하기는 어렵다는 점은 같습니다. 그렇지만, 의식이란 것이 단일한 어떤 것이 아니라 입체적인 구조를 이루고 있으며, 정신적인 문제들의 구성 원리들을 어느 정도 이해하고, 어느 층에서 주된 문제가 발생한 것인지를 분류해낼 수 있다면, 그 부위의 전체적인 활성도를 끌어올리고, 효율적인 활동을 지속적으로 가능하게 한다면, 건전성이 전체로 퍼져나가서, 문제가 있는 부위가 안정적으로 전체 시스템에 동조되게 함으로

써 불건정성을 극복하게 할 수 있다는 점에서는 나름대로 분명한 강점이라고 할 수 있습니다.

결국 정신적인 문제는 육체의 문제라는 사실을 분명히 인식해야 합니다.

정신과 의사는 당신에게 관심이 없다
- 마음의 힘을 키우는 명상과 한의학 -

PART
03
더 나은
정신을 위한
출발

G

실제 생활에서의
'정, 기, 신'

그럼 이런 '정, 기, 신'이라는 부분을 활용해서, 신경정신과적 불편함에서 벗어나려는 노력은 없었을까요? 당연히 있습니다. 다만, '정, 기, 신'이라는 개념을 인지하지 못하고 있다는 것뿐이지만, 실제 모든 노력들은 이런 '정, 기, 신'의 범주에서 벗어나지 않습니다.

1. '정'을 회복하려는 노력

신경정신과 질환에 시달리는 환자분들이 내원 시, 예전에는 참 자주 들었던 이야기가 있습니다. 보통 같이 동행한 배우자들이 하는 이야기인데, 남편이 될 수도 있고, 아내가 될 수도 있고, 부모인 경우도 있습니다(사실 순서대로 제일 숫자가 많습니다). 환자 본인과 이런저런 상담을 하다 보면, 꼭 보호자가 말하는 내용의 순서가 있습니다.

첫 번째는 바로, "내가 운동 좀 하면 좋아진다고 했는데, 저 사람이 운동을 안 하고 계속 이렇게 지내고 있어요!" 이 말은 거의 빠지지 않고 듣고 있습니다.

갱년기 우울증에도, 청소년 우울증에도 항상 보호자들은 말합니다. 운동 좀 하라고.

일견 맞는 부분도 있습니다. 우리가 운동을 하면, 근육들이 활발하게 움직이고, 근육을 움직이기 위한 중추신경계의 여러 작용들이 활발해집니다. 자세 제어 영역, 근육 조절 능력, 그에 맞춘 내장 신경 활성 능력 등 근육운동과 그를 지원하는 신경 활동, 더하기 내장 활동. 이런 합이 운동이라는 것이 일어날 때의 우리 내부 모습입니다.

그래서 운동을 하고, 맑은 공기를 쐬면서 시원하게 땀을 흘리고 나면, 복잡했던 머릿속이 맑아지고, 답답하거나 울적했던 감정들이 정리 되면서 다시 용기가 납니다. 운동이 바로 '정'의 영역, 파충류의 뇌, 생명 현상을 조절하는 뇌의 활동을 강제로 가동시키는 방법입니다.

피라미드의 하부 구조를 움직이고 강화시켜서 그에 따른 변화가 상부 구조에 전달되게 하는 방식입니다.

두 번째는, "잘 먹으라고 했는데, 억지로라도 먹어야 하는데, 말을 안 듣습니다"입니다.

이 말도 맞습니다. 우리가 무기력할 때, 심란할 때, 영양가 있는 음식을 먹거나, 아니면 맛있는 음식을 먹으면, 다운되었던 기분이 올라가기도 하고, 불안정하고 들뜬 마음이 차분해지기도 하며, 머리가 맑아지기도 합니다. 이 방법 또한 피라미드 하부 구조인 '정'의 에너지를 채우고 충전해서 역시 '기'와 '신'으로 차례대로 활성도가 전달되게 하는 방식입니다.

그럼 이런 노력들은 어떻게 좋은 결과로 연결되는 걸까요? 누구에게나 통하는 방법인가요?

우울증이나 불안장애, 불면증 등이 있으면, 운동하고, 맛있는 것을 먹으면 회복할 수 있을까요? 유감스럽게도 이런 방법들은 우울증이나 불안장애, 불면증 환자분들에게는 잘 통하지 않습니다. 만약 이런 방법을 사용해서 문제가 풀리고 해결이 된다면, 그런 분들은 애초에 그냥 기분이 안 좋은 정도일 뿐이었던 것이지, 질환이라고 할 수 없는, 감정 조절이 조금 어려운, 그런 가벼운 상태라고 말할 수 있겠습니다.

어쨌든, '정'을 회복하려는 노력의 대표적인 것이 운동과 음식이라고 할 수 있겠습니다.

2. '기'를 회복하려는 노력

이건 포유류의 뇌, 감정적 기능에 작용하는 방법입니다. 사람들이 자신도 모르게 하는 것 중에 가장 흔하고 보편적인 활동입니다.

친한 사람들을 만나서 하소연을 하거나, 영화나 연극, 그 외 예술 활동을 감상하고, 스포츠 경기를 보며, 때론 돈을 많이 걸지는 않는 합법적인 도박을 하기도 하고, 여행, 연애, 다른 사람과의 교류, 자연과의 교감 등 우리 주변을 돌아보면 모두 이런 활동을 많으나 적으나 하고 있습니다. 아니, 이런 활동이 없다면, 아예 우리가 정신적, 육체적으로 건강하게 살 수 없다는 것을 알고 있습니다.

그래서 역시 신경정신과 환자분들에게는 이런 방면으로 조언이 많습니다.

"나가서 사람을 좀 만나라."
"여행을 다녀와라!"
"영화나 드라마도 보면서 좀 즐겁게 살아라."

또 있긴 합니다.

"연애를 해라."

등등 건강한 사람들은 충분히 흥미를 느낄 만한 내용들이고 효과가 있긴 하지만, 실제 질병을 앓고 있는 분들은 그럴만한 여력(정신적 에너지)도 없지만, 시도해보더라도 뚜렷한 효과도 없고, 오히려 환자분이 더 지치는 경우도 많습니다.

3. '신'을 회복하려는 노력

이것도 꽤나 흔히 보는 것이며, 유명하기도 하고 인상적이기도 합니다. 한 단어로 요약하면, '노력'입니다. 다음과 같은 조언들로 들려오게 됩니다.

"정신을 차려라!"
"마음을 단단히 먹어라!"
"정신이 나약하다."
"당신의 마음과 육체는 당신의 생각에 달려 있다!"
"당신이 마음먹는다면, 무슨 일이든지 할 수 있다!"

그리고 한국의 기성세대들에게 아주 유명한 말인 "안되면 되게 하라!"도 포함입니다.

"안되면 되게 하라!"가 오래된 세대의 구호라면, 요즘 시대의 구호는 수많은 자기계발서들입니다. 대부분 "노력하면 바꿀 수 있다!"는 내용입니다, 물론 거의 효과는 없습니다. 자기계발서가 일반인들에게도 효과가 없는 이유가 있습니다만, 어쨌든 이런 의지, 생각의 전환, 발상의 전환, 이런 것들을 강요하는 것은 환자분들에게 거의 효과가 없습니다.

이런 '정, 기, 신'을 회복하려는 노력들은 일상적인 단어들로 하면, "육체와 감정과 생각"에 작용하는 방식들입니다. 일반적인 상황에서는 상당히 효과적이며, 우리 사회와 인류 문명을 유지시켜온 강력한 수단이기도 합니다. 그런데 왜 환자분들에게는 효과가 없을까요?

앞에서, 인간은 진화해온 동물이라는 것을 설명했습니다. 파충류에서 포유류로, 그리고 영장류로 진화해왔다는 것은 진화의 과정을 지나치게 단순하게 설명한 면은 있지만, 어쨌든 단세포생물에서 고등영장류로 진화해온 흐름이 있다는 것은 사실입니다.

그런데, 현재의 인류 생명 각자의 몸 안에서도 그런 흐름이 면면히 살아있습니다. 지난번 '정, 기, 신'의 피라미드에서, 에너지의 흐름이라는 설명을 했습니다만, 인간은 음식을 먹어서 육체의 에너지가 어느 정도 만들어지면, 다음에 '감정'이라는 단계로 에너지가 조금씩 흘러들어가게 됩니다. 그래서 감정에 여유가 생기게 되면, 이번에는 '생각' 단계로 에너지가 흘러들어가게 되어 있습니다.

다만, 에너지가 다음 단계로 흘러갈 때에는, 육체라는 힘이 감정 에너지로 약간의 성질이 변하게 되고, 감정 에너지가 생각으로 흘러들어가 생각의 뒷심이 될 때에도 그만큼의 변환 과정이 일어나게 됩니다. 즉, 생각은 정서적 에너지의 뒷받침 위에 있고,

정서와 감정은 육체라는 에너지의 뒷받침 위에 있게 됩니다. 좀 더 쉽게 쓰면 생각은 감정의 에너지를 기반으로 삼고, 감정은 육체의 에너지를 기반으로 삼는다는 것입니다.

여기까지의 설명을 읽으면, 누구나 생각나는 부분이 있습니다.

바로 '지, 덕, 체'인데, 조금 나이 있는 세대는 어려서부터 학교에서 많이 들었던 말입니다.

지혜와 덕성과 체력을 기르는 교육을 받으면, 전인이 되는, 완전하고 지혜로운 사람, 다른 사람을 살펴줄 줄 아는 인성까지 갖춘 건강한 신체를 가진 사람이 된다는 교육론입니다.

이런 '지, 덕,체' 이론의 바탕에도, 인간 의식의 피라미드 구조론이 자리잡고 있습니다.

정신적, 육체적으로 건강한 사람은, '정, 기, 신'의 피라미드 구조라는 틀에서 벗어나지 않는 사람입니다.

피라미드의 상층부인 '신'이라는 이성과 생각의 에너지를 아무리 많이 써도, 육체적·정서적 에너지의 하부 구조인 '기'와 '정'의 에너지를 고갈시키지 않는 선에서 사용한다면, 스스로 생각을 억제하거나 통제할 수 있고, 현실 감각을 잃어버리지 않을 수 있습니다.

그러다가, 육체적으로 무리를 해서 '정'의 에너지가 고갈되기 시작하면, 저절로 짜증이나 답답함, 불안감이라는 감정이 생기며, 그 다음에는 좀 쉬어야겠다는 생각이 나타나게 됩니다.

그래서 항상 일정 균형을 스스로 유지하게 만들 수 있도록, 육체적 감각과 정서적 감응, 이성적 생각 등의 능력들이 서로를 도와주고, 틀을 벗어나려는 움직임을 서로 억제해주는, 그런 상호간의 협력과 견제라는 시스템이 잘 작동하는 사람이 건강한 사람입니다.

그리고 그런 사람만이 인간의 미래라고 볼 수 있는 진화의 다음 단계, 즉 '이성'이라는 틀을 넘어서는 또 다른 어떤 것, 일부 사람들은 '영성'이라고 부르고, 어떤 사람들은 현재의 인간 한계를 넘어선다는 의미로 '초월성'이라고 부르는 단계로 점차 이동해갈 수 있는 준비가 된 것이라고 봅니다.

사람들의 이런 개체적인 에너지의 단계적 발달, 즉 육체가 어느 정도 활성화되면 감정이 생기기 시작하고, 감정이 어느 정도 활성화되면 이성이 강화되기 시작한다는 것을 사회적 관점에서 바라본다면, 현재 전 세계에서 진행되고 있는 경제 개발의 단계적 속성과 비슷한 점이 많다는 것을 알 수 있습니다 .

처음에 아주 낮은 상태의 저개발국가에서는 기본적인 의식주의 해결이 시급한 상황이지만, 의식주가 완전히 충족되지 않더라도 어느 정도만 해결되면, 문화적 욕구와 소통의 욕구가 생겨나기 시작합니다. 이런 문화와 소통의 욕구가 어느 정도 충족되면, 그 다음은 지적 욕구와 정치 참여에 대한 열망이 커지기 시작합니다.

사회적 현상이란, 개인이란 존재들의 집단의식의 발현이기 때문에, 결국 우리 개인의 내부에서 일어나는 에너지의 변화와 변환, 점진적 진화란 현상이, 개인들의 집합체인 사회에서도 드러나게 됩니다. 이런 변화는 지금의 선진국들이 산업혁명을 달성하고 국민들의 소득 증가와 경제 개발이라는 대열에서 시작할 때부터 나타나서, 미개발국들이 중진국으로 될 때, 중진국이 선진국이 될 때 모두 공통적으로 나타나는 현상들입니다.

만약 이런 자연스런 발전 단계를 거치지 못하게 된다면, 그 사회의 경제 발전과 문화, 의식의 발전들은 멈추게 됩니다. 경제와 생산이라는 시스템의 발전은 피라미드의 밑 단계만 커진다고 해서 무한히 성장할 수 없습니다. 이성적 활동에 해당되는 에너지 활동이 커져야, 더 큰 규모의 육체적 활동을 감당하고 조율할 수 있게 됩니다. 피라미드는 아래와 위의 상호의존적 효율성의 구조이기 때문입니다.

정상적인 생명체 그러니까 건강한 사람에게서는, '지, 덕, 체'가 되었든, '정, 기, 신'이 되었든 그 부분들을 활성화시키는 노력들을 하게 되면, 일단 그 부위가 활성화된 다음, 각각의 다른 영역들로 그에 따른 효과가 파급되어갑니다. 운동을 하면 몸이 개운하고 불안했던 마음이 가라앉고, 용기가 나며, 감정적으로 단순해지며, 머리가 맑아지는 것이 대표적입니다.

만약 우울하고 감정적으로 지쳐서, 아무 생각이 나지 않고, 몸도 무거웠을 때, 친한 친구에게서 위로를 받고 난다면 몸도 가볍고 머리도 맑아집니다. 세상을 바라보는 시각도 좀 더 긍정적으로 바뀌기도 합니다. 또 부정적이고 비관적인 생각을 하다가도,

"아!" 하고 문득 문제를 해결할 수 있는 실마리가 되는 발상의 전환이 일어나거나, 좋은 아이디어를 접하게 된다면, 다시 희망과 용기가 솟고, 팔다리에도 힘이 붙기도 합니다.

건강한 인간이란 육체와 감정과 정신이 모두 활발한 사람이며, 외부에서 주어지는 여러 육체적, 정신적 유해한 자극에도 충분히 자신을 보호하고, 육체적이든 정신적이든 상처 받은 부분이 스스로 회복하는, 인간이라는 주체가 충분히 의식을 하지 않더라도 저절로 일어나는 회복력을 갖는 사람이라야 신경정신과 질환과 거리가 먼 사람이라고 할 수 있겠습니다.

생명체 내에서 자유로운 에너지 전환이 일어나는 사람이 건강한 사람이라면, 신경정신과 환자분들은 일단 아무리 좋은 내용이 담긴 책을 읽어도, 머리 속에서 긍정이 들지 않고, 더구나 선순환의 결과인 감정과 체력의 변화는 기대할 수조차 없습니다.

우울증이 심한 사람은 친한 친구를 만나거나, 재밌는 드라마나 아름다운 경치를 감상해도 별 다른 감흥, 즉 정서적 반응이 일어나지 않습니다. 마치 젖은 장작에 성냥으로 불을 붙이려고 노력하는 것처럼, 마음의 불을 피우려는 노력 그 자체가 그나마 얼마 남지 않은 에너지를 모두 소진시키고, 더 가라앉게 만듭니다.

이미 '정, 기, 신' 각각의 에너지가 소진되어 있고, 각각의 에너지를 상호 보완시켜주는 고리도 끊어져 있는 상황입니다. 이런 경우에는, 좀 더 세밀하고 직접적인 활성화 방식이 필요합니다.

이런 신경정신과 환자들의 대부분의 원인은, 장기적이든 단기적이든 간에 신경계의 과다한 활동으로 인한 피로의 누적과 약화입니다. 흔히 보는 운동 후의 육체적인 피로 또한 겉으로는 물리적 자극에 의한 것으로 보이지만, 실제로는 피로물질의 과다가 원인입니다.

정신적인 불안정, 피로, 긴장, 오작동 등은 외부에서 보면 형이상학적인 어떤 실체 없는 마음과 같은 것이라고 생각할 수 있겠지만, 실제로는 이 또한 신경세포의 기능 저하, 신경세포 활동의 불안정함 등이라서 정신적 활동 또한 철저히 물질적인 현상이라고 할 수 있습니다.

다만, 정신적인 활동이 비물질적으로 보이는 것은, 육체적 활동 자체가 철저히 그 부위별 시각적 활동의 결과로 인지하기 쉬운 반면에, 정신적인 활동이란, 여러 세포 단위들이 움직이는 부분들이 좀 더 상위 개념으로 나타난다는 것입니다. 여러 세포들이 움직이는 것이 눈에 보이지 않기 때문입니다.

팔다리를 부지런히 움직여서 음악에 맞추게 되면 근육의 활동이 아름다움이나 슬픔, 놀람 등 여러 느낌의 발레 동작으로 나타나고 인지되는 것처럼, 여러 신경세포들이 이런 그룹으로 움직이느냐 저런 그룹으로 움직이느냐에 따라 감정적이거나 정신적인 좀 더 포괄적인 느낌으로 나타난다는 것이 다를 뿐입니다.

그러므로 대부분의 신경정신과 질환들은 신경계를 이루고 있는 중추신경계와 자율신경계 세포들의 피로나 손상으로 인한 오작동이라고 볼 수 있는데, 이는 근육에 피로와 손상이 있으면 뜻대로 움직이지 않고 더구나 경련이 일어나는 것과 같이 신경계에 이상이 있으면 불편한 느낌과 감정이 일어나는 것은 근골격계 질환과 비교했을 때, 원인은 비슷하고 증상은 다른 형식으로 나타나는 것과 같습니다.

신경계를 나눌 때 중추신경계와 자율신경계로 나누지만, 이것은 인간이 편의상 분류한 것으로, 실제로는 하나의 신경 체계라고 할 수 있습니다. 사람을 머리와 몸통·팔다리로 나누지만 실제로는 나눌 수 없는 것처럼, 또한 식물에서 줄기와 잎·뿌리를 나누지만 이는 편의상 나눈 것이지 모두가 개별적으로 존재할 수 없는 독립적이지 않은 것들이며 이는 식물이라는 전체의 일부분이라는 것과 같습니다.

이런 신경계가 활성화되어 있고, 지구력이 있으며, 외부에서 오는 손상에서 빨리 회복할 수 있으면 정신적으로 건강하다고 할 수 있습니다. 이는 즉 '지, 덕, 체', '정, 기, 신'에서 '체'와 '정'이 발달하면 정신적인 역량, 즉 '덕'과 '지', '기'와 '신'에 크게 도움이 된다는 것을 알려줍니다.

실제로 대부분의 신경정신과 환자분들은, 특히 병력이 오래된 분들일수록 신체적 건강 상태가 좋지 않습니다. 그러므로 감정적·신체적 불균형이란, 모두 신경계의 문제냐, 그 외 육체 장기와 조직의 문제냐일 뿐이지 형이상학과 형이하학적인 문제는 아닌 것입니다.

신경정신과 질환의 대부분의 원인은 일반적인 용어로 말하면 "신경쇠약"입니다. 다만 일반적인 피로와 다른 점은 일반적인 신경쇠약 보다는 좀 더 "조직화된", "좀 더 입체적으로 피로가 누적된" 그런 "신경쇠약"일 뿐입니다. 앞에서 설명한 '정, 기, 신'을 보강하는 방법만으로는 건강한 연쇄반응이 일어나지 않는 것이 특징입니다.

그럼 이런 상태에서는 어떻게 해야 벗어날 수 있을까요?

H

건강한 정신질환치료와 예방을 위한 필수 요소
: 마음의 힘

건강한 정신을 만들고 유지하는 방법은 체력을 기르고, 좋은 정서를 누리며, 세상에서 겪어가는 여러 가지 경험과 정보 들을 정확하게 분석하는 지혜를 키우는 것이 맞습니다.

그러나 이런 노력들을 기울이더라도 몸과 마음 안에서 긍정적인 변화가 확산되지 못하고 어느새 사그라드는 사람들이 있습니다. 자신의 의도대로 되지 않기 때문에 일시적으로 기분이 우울한 것이 아니라 '우울증'이라고 진단하며, 스쳐지나가는 일시적인 불안한 마음이 아니기에 '불안장애'라고 진단하고, 그냥 가슴이 답답한 것이 아니라 '공황장애'라고 부르는 것입니다.

결국 이런 문제들은 우리의 신경계가 문제가 생긴 것이고, 그 신경계를 회복시키고 에너지를 지원하는 다른 신체 부위들이 제할 일을 못하고 있어서 생기는 현상입니다. 이런 일들은 주로 과로나 정신적 상처 등에 의한 손상에서 시작되는 것으로, 크게 보면 정신과 신체가 약화된 것입니다.

그러므로, 신경정신과 질환의 치료는, 항우울제나 항불안제 등을 복용해서 어둔한 상태로 살아가는 것이 아니라, 예전보다 더 활발하고, 용기 있고, 아이디어 넘치는 사람이 되는 것입니다.

이것은 결국 지금보다 훨씬 더 '정신+신체적'으로 튼튼해지는 것이며, 더 능력 있는 사람이 되는 것만이 근원적인 문제의 해결책임을 알려줍니다. 더구나 재발을 방지하기 위해서는 발병 전보다 더 강해지고 지구력이 있는 사람이 되는 것만이 유일한 방법입니다.

육체와 감정과 생각을 자극하는 각각의 방법에 반응하지 않는 사람은 '정 → 기 → 신'이라는 연쇄반응의 고리가 약하게 작동하고 있는 사람들입니다. 건강한 사람은 신체에 정신적이든 육체적이든 자극을 주게 되면, 또는 정보가 들어오게 되면, 그에 맞춰서 즉각 반응이 일어나기 시작해서 그 영향력이 전신으로 퍼져나가게 됩니다. 용기를 주는 책을 읽으면 몸에 힘이 들어가고 머리가 맑아지는 등, 살아있는 생명체에게는 모두 이런 반응이 정상입니다.

그런데 이런 각각의 연쇄반응이 일어나지 않는다면, 그때는 그에 맞춰서 좀 더 특수화된 방법을 사용해야 합니다.

앞 장에서 약물치료가 답이 아니며, '정, 기, 신'이라는 용어에 주목해야 한다고 한 것도 이 때문입니다. 현재까지는 이런 '정', '기', '신' 이 세 가지 변수가 각각 서로 얽히고 설킨 문제를 푸는 방법은 두 가지밖에 없습니다. 그중 하나는 '명상'이고, 다른 하나는 '한의학'입니다.

여러 사람 앞에서 말을 해야 할 때, 식은 땀이 흐르고 심장이 두근거리는 사람들이 있습니다. 누구나 이런 상황에서는 긴장을 하긴 하지만, 그 긴장의 정도가 일반적인 수준을 훨씬 넘어서는 사람들이 있습니다. 이런 사람들이 자신의 이 과한 긴장이 어디에서 오는 것인지 그 원인을 좋은 심리상담 선생님을 만나서 이유를 알았다고 합시다. 그럼 이제 자신감 있게 무대 위에 올라설 수 있게 되는 것일까요?

인생이 극적이기를 꿈꾸는 것은 현대인의 보편적인 유희입니다. 영화나 드라마를 원하는 사람들에겐 안타깝지만, 그런 일은 현실에서는 잘 일어나지 않습니다. 가슴이 두근거리는 이유를 알았다는 것과, 무대 위에 올라서서 심장이 편안한 것은 다른 차원의 일이거나 또는 서로 개별적으로 발생하는, 각각의 분리된 사건입니다. 증상이 약한 사람들이나 아직 건강이 크게 나빠지지 않은 분들은 머리로 납득이 되기 시작하면 긴장감을 조절할 수도 있겠습니다만, 그것 자체도 자연스럽게 된다기보다는 상당한 노력이 필요합니다. 조절에 성공한, 그런 분들도 가만히 자신을 돌아볼 필요는 있습니다. 과연 내 심장은 내가 괜찮다고 생각했기 때문에 잠잠한 것인가?

"내가 이 상황에 대한 이해를 했기 때문에 내 심장이 두근거리지 않는 것일까?"

"내가 이해를 했는데도 심장이 두근거리는 것은, 그럼 내가 완벽히 이해를 못했다는 뜻인가?"

유감스럽게도, 상황이 이해가 되었다고 해도, 여전히 심장이 두근거리는 사람들이 훨씬 많습니다. 몰라서 문제를 해결하지 못하는 사람은 생각보다 적습니다.

대인관계에서 어려움을 겪는 사람들도 많습니다. 부당한 대우를 받아도 항의하기가 어려우며, 친구들의 부탁을 거절하지 못하는 사람들이 있습니다. 이런 분들이 주변 사람들이나 전문가와 상담을 한다면, 스스로 행동하고 자신을 보호해야 한다는 충고를 들을 것입니다.

그럼 대인관계에서 자신의 요구를 잘 표시하고 거절을 잘하는 사람은 자신에 대한 이해가 높고 대인관계의 속성을 잘 파악하고 있는 사람이고, 관계의 어려움을 겪고 있는 사람은 단순히 사회적 관계에 대한 지식이 부족하고, 인간에 대한 이해도가 낮은 사람일까요?

주변 사람들에게서 진심 어린 충고를 듣고, 전문가에게서 생각을 바꾸는 충분한 교육을 받았다고 합시다. 그럼 이런 사람들이 삶을 바꾸는 비율이 얼마나 될까요?

자, 이제 원인을 알았으니, 당당하게 자신의 의견을 표현할 수 있을까요? 아무리 미사여구로 현혹한다고 하더라도, 실제 상황에서의 성공률은 그렇게 높지 않습니다. 또한 실제로 성공하는 경우라도 오랜 시간이 요구되는, '심리상담'이라고 부르는 심리적 훈련을 거친 다음에라야 가능한 것이 현실입니다.

이런 사람들은 막상 자기가 항의를 해야 할 때가 생기거나 거절을 해야 할 상황이 생기면 자기도 모르게 갑자기 육체적 부담감이 떠오릅니다. 예를 들면 가슴이 답답해진다든지, 머리가 멍해진다든지, 심장이 조마조마 하다든지 하는 등의 증상이 나타나며, 이것을 이겨내지 못하게 됩니다.

긴장된 상황을 버티지를 못하는 경우인데, 어려서부터 이런 상황이 반복되면, 자신의 이런 모습을 합리화하기 위해, "나는 남의 부탁을 잘 들어주는 사람"이라든지, "친구에게는 이상하게 마음이 약해져"라든지, "가족의 요청은 가능하면 들어줘야 돼" 하는 식으로 마치 '자신의 생각이 그래서 행동이 이렇다'라는 식으로 의식의 흐름이 이어지게 되기도 합니다.

그럼 이런 사람들은 왜 불편한 상황을 극복하지를 못할까요? 그것은 마음의 힘이 약해서입니다.

우리가 어떤 행동을 하게 되는 과정은, 먼저 뇌 속에서 무언가를 하려는 결정을 내리게 되고, 이는 생각이나 느낌의 형태로 나타납니다. 이 결정이 행동으로까지 연결되기 위해서는, 그 결정에 반응하는 몸의 어떤 느낌이 나타나야 되고, 그럼 이제 근육이 움직여서 행동으로 이어지게 됩니다.

만약 그 '느낌'이라고 부르는 무언가가 부족하다면, 생각이나 느낌에서 행동으로 옮겨가려고 할 때, 가슴이 답답하거나 지친 느낌이 나면서 시도 자체가 좌절되게 됩니다. 이렇게 생각과 육체를 움직이는 것의 사이에서 둘 사이를 연결해주고 중재해주는 것이 있게 됩니다. 머릿속에서 결정이 나고 그것이 구체적인 행동으로 이어지는 것은 생각보다 복잡한 과정입니다.

이렇게 생각을 통해서 행동으로 이어지는 것은 단순하게 마음만 먹는다고 되는 것이 아니라, 몇 단계의 복잡함을 거쳐서 이루어지는 것이며, 어려운 상황을 딛고 생각을 행동으로 실현한다는 것은, 그 과정 전체가 힘있는 흐름으로 일관되게 계속 작동 중이어야 합니다.

이것을 '마음의 힘'이라고 부를 수 있습니다.

스스로 자신의 상처를 알아내고 머리로 충분히 이해했다고 하더라도, 무대 위에 올라서는 순간에 심장이 두근두근거리고 머리가 어질어질하고, 입안이 바싹바싹 건조해질 수 있습니다. 이것은 머리가 이해했다고 하더라도 육체가 거기에 따라주지 않기 때문입니다.

만약 생각만으로도 이것이 가능하다면, 마라톤에서 지쳐서 쓰러지는 일은 일어날 수가 없게 됩니다. 피곤한 이유도 알며, 계속 뛰어야 하는 필요성도 충분히 이해하고 있는데, 왜 떨리는 다리를 진정시킬 수 없을까요?

마음의 힘이란, 생각이라는 단순하고 단일한 힘이 아니라, 육체와 감정과 생각 이 세 가지가 모두 협조해서 만들어지는 일종의 '융합 에너지', '협력 활동' 또는 '완성된 프로그램 코드'와 같은 것입니다. 그리고 당연히 생각과 정서와 육체 모두에 그 지분이 있습니다. 감정적으로 고갈이 되거나, 육체적으로 너무 쇠약해지게 되면, 생각하는 대로 자신의 모든 것이 그렇게 조절되지 않습니다.

이것은 생활의 경험을 통해서 누구나 알고 있는 사실이지만, 심각하게 고려되고 있지 않습니다. 아마 그 이유는 이런 사실 자체를 안다고 해도 구체적으로 대안이 없다고 여기기 때문이 아닐까 합니다. 집중할 수 있는 부분에 집중하기 위해서 잘 모르는 부분은 미뤄놓는다고 할까요? 이제 마음의 힘을 키울 수 있는 구체적인 방법에 대해 이야기해보겠습니다.

1. 마음의 힘을 회복하는 명상

명상이란 요즘에 많이 유행하는 것 같지만 뿌리가 상당히 깊은 말입니다. 역사가 오래된 만큼 여러 가지 다양한 방법과 의미가 있기 때문에 명상 수련을 나름 오래 했다고 하는 사람들도 단순하고 쉽게 말하기가 어렵습니다.

과거에 명상을 분류했던 방법 중에, 명상의 목적론에 따라 분류한 것이 있습니다. 그 분류는 실제적인 삶에 도움이 되는 것인가, 아니면 순수한 형이상학적 진리 추구를 위한 것인가입니다. 우리는 실제적인 삶의 회복에 목표를 두기 때문에 그에 해당하는 명상에 대해 알아보면 될 것 같습니다.

명상을 한다고 하면 대부분 눈을 감고 고요히 있는 것을 상상하게 됩니다. 물론 몸을 움직이는 명상도 있긴 하지만, 그 경우에도 클럽에서 춤추는 것과는 다른, 자신의 몸의 느낌에 집중하게 됩니다.

이런 집중이 의미하는 것은,

1) 생각을 비우고 고요히 하는 것
2) 특정한 부위나 느낌에 집중하는 것

두 가지입니다.

또한 이런 집중이 의미하는 목표는, 바로 정신적, 육체적 활성화를 이루는 것입니다.

이것은 전제가 있는데, 그것이 바로, 의식을 집중하면 집중하는 그 부위가 활성화된다는 것입니다. 손가락 끝에 집중하면 손가락 끝의 감각이 예민해지듯, 귀를 기울이면 조그만 소리에 좀 더 민감해지듯, 혀에 집중하면 맛에 좀 더 이끌리는 듯, 인체란 어디에 집중하느냐에 따라 그 부위가 활성화되게 됩니다. 그에 따라서 스스로가 약한 부위에 집중하는 것, 그렇게 해서 목표된 부위를 활성화하는 것, 그것이 명상의 목표입니다.

인체의 모든 세포는 살아있는 각각의 생명체인 동시에, 또 각각이 하나의 스위치이기도 합니다. 자극이 가해지면, 그에 반응하는 생명 활동이 일어납니다. 이를 스위치라고 할 수 있고, 또 인접 세포의 자극에도 반응하므로, 연못에 돌을 던지듯 자극이 주어지게 되면, 물결처럼 반응이 퍼지게 됩니다. 그 자극은 외부에서 들어온 물리적 또는 전기화학적 자극일 수도 있고, 중추신경계에서 일어난 집중일 수도 있습니다.

어쨌든 그 집중과, 집중이란 의도이므로 의도에 의해 일어난 연쇄반응이라는 가상의 동심원이 생겨나게 되었을 때, 그 동심원 중의 한 부분에 다시 집중하면 다시 동심원이 겹쳐서 생겨나게 됩니다. 그리고 또 그 반응 중의 한 부분에 집중해서 연쇄반응을 일으키고 하는 과정을 반복하게 되면, 결국엔 특정한 하나의 연쇄반응의 흐름을 만들어낼 수 있습니다.

그런 동심원처럼 퍼지는 연쇄반응 중에서, 인체를 활성화시키는 파장을 점점 더 크게 하는 쪽으로 유도해가면서 흐름을 만들어가는 것, 그것이 건강을 회복하는 명상의 대체적인 방법이라고 볼 수 있습니다. 대체로 도교 쪽에서 볼 수 있는 방법들인데, 일반에서는 '단전호흡'이라고 불려지기도 합니다.

여기까지 설명을 듣고, 역사가 오래되었다는 것을 참고하면, 단순하고도 확실한 추정이 가능해집니다. 처음의 동심원 파문에서 그 다음 파문, 그 다음 파문까지, 어떤 흐름을 만들어가는가에 대한 선택은 무궁무진하고, 그에 따른 여러 가지 방식과 결과가 있다는 것을.

그러므로 이런 단전호흡법은 종류가 너무 다양하고, 각자가 서로 가장 좋은, 효율적인 방법이라고 주장하는 바가 많으므로, 선택을 한다는 것이 쉽지 않습니다. 왜 쉽지 않냐면 각각 완성되지 않았기 때문이고, 부족한 바가 많다는 것입니다.

그래도 이런 방식들은 대강은 비슷한 흐름이 있습니다.

처음에는 '정', 육체의 에너지를 활성화시키고, 그 활성화된 느낌을 이용해서 '기' 감정의 에너지를 충족시키며, 그 모두의 힘을 모아서 '신' 생각의 에너지를 강화시킵니다. 여기까지 오면 전체적으로 '정, 기, 신'의 에너지가 전보다 한 단계 업그레이드됐다고 생각하며, 그 과정을 여러 번 반복하는 것, 그러다 보면 전체적으로 전보다 정신적, 육체적으로 강해진 사람이 된다는 것입니다.

왜 이렇게 '정 → 기 → 신'을 반복하냐면, 명상적 방법으로는 나름의 이유가 있습니다만, 현대적으로 해석하면 이렇게 됩니다.

인체에서 일어나는 생명 활동의 속성은 가변성입니다. 또는 불교적으로 말하면 '무상함'과도 일치하는데, 인체를 전체적으로 관찰했을 때, 한 번도 같은 생명 활동이었을 때가 없습니다. 인체의 모든 활동은 매 순간순간마다 항상 변하고 있다는 이야기입니다.

음식을 먹었을 때의 인체의 소화, 흡수율도 그날그날, 그 시간 시간, 여러 주변 환경, 인체 내 다른 조직과 장기의 변화하는 컨디션에 따라 흡수율, 대사율이 차이가 나게 되고, 공기를 마셔도 산소를 걸러내서 혈액 속에 녹여내고 이산화탄소를 방출하는 비율이 실시간으로 차이가 나게 되며, 각각의 호르몬 분비도 매번 달라지며, 하물며 장의 움직임도 일정하지 않습니다.

각자 자기 세포의 이익을 위해, 조직의 이익을 위해, 기관의 이익을 위해 움직이고 있는 독립된 부분으로서의 모든 내부 조직들을 공통의 목표 — 효율적인 생명 유지라는 조건을 위해 동질성과 일체화를 이끌어내는 관리 능력, 조직 관리와 통솔이라는 리더십이 필요하게 되는데, 이런 변화를 조절하고, 각 세포와 내장 들을 하나의 목표 — 생명의 연속성을 위해서 조직하고 관리하는 기능이 신경계의 기능입니다.

에너지의 생산과 소비라는 측면에서 보자면, 두뇌를 제외한 사지와 몸통은 생산계급이며 피지배계급이며, 두뇌는 지배관리계급이라고 볼 수도 있겠습니다. 당연히 하부 구조가 커지면, 그에 맞는 관리조직의 역량이 뒷받침되어야 더 큰 성장을 노려볼 수 있기 때문에, '육체의 활성화 → 신경 활성화 → 육체의 활성화 → 신경 활성화, 또는 생산조직 확대 → 관리조직 확대 → 생산조직 확대'를 되풀이해야 점점 더 관리하는 에너지가 커질 수 있고, 육체적으로 건강하고 정신적으로 탄탄한 사람이 될 수 있습니다.

이런 집중과 활성화의 과정을 거치기 전에 대부분의 명상법들이 생각을 줄이고 편안한 상태를 유지하는 이완의 시간을 강조하는데, 이것은 집중을 쉽게 하기 위함입니다. 다르게 표현하자면, 집중에 더 많은 에너지와 자원을 투입하기 위한 노력입니다.

인체를 PC에 비유하자면, 인간의 중추신경계는 CPU에 비유할 수 있겠습니다. 이런 중추신경계는 피라미드 구조에서 설명했듯이, 항상 기본적으로는 3가지의 프로그램, 3가지의 뇌(파충류, 포유류, 영장류)가 동시에 활동하고 있는 상황입니다.

하나는 생명 유지에 필요한 내장과 육체 구조의 작동과 기능을 관리하는 프로그램, 다른 하나는 주변과 소통하고, 자신의 육체와 소통해서 그 정보를 좀 더 직관적인 감정이라는 느낌으로 만들어내는 프로그램, 마지막 하나가 '생각'이라는 프로그램입니다.

그런데 실제로는 어제의 감정, 방금 전의 감정, 이런저런 생각들이 그 감정이나 생각이 필요했던 상황이 지나갔는데에도 완전히 종료되지 않고, 보이지 않는 곳에서 여전히 가동되고 있는 상태, 생각과 감정의 잔상이 남는 상태, 그것이 보통의 인간입니다. 이런 생각과 감정 하나하나가 인체의 자원을 사용하고 있는, 에너지가 소모되고 있는 상태이기 때문에, 복잡한 생활을 하는 사람일수록 몸속의 자원과 에너지 소비가 많습니다.

그러므로 고대에는 단순한 생활을 하는 것을 장수의 비결로 꼽았는데, 그 이유가 우리 몸의 자원과 에너지를 덜 소비하는 것이 유리하다는 깨달음을 얻었기 때문입니다.

이완과 자기 성찰의 시간을 갖는 이유는, 신경계 속에 남아 있는, 종료되지 않은 느낌과 의식, 흥분의 감정 찌꺼기들을 삭제해서, 다시 리셋한 상태로 만드는 것이 목적입니다. 그렇게 해서 확보된 에너지, 신경계의 활력을 '집중'이라는 형태로 다른 신경계의 부위들을 활성화시키는 데 사용하는 것, 그것이 이런 명상의 원리입니다.

이런 방식은 근육운동에 비유하자면, 심한 허약 체질에 온몸에 근육통이 있는 사람이 기초운동부터 시작해서 다양한 운동을 통해 몸짱이 된다는 것과 같은 스토리입니다. 이런 사람들이 성공할 확률이 얼마나 될까요? 일단 혼자서는 불가능하다고 생각되며, 모든 과정을 함께하고 지도해줄 트레이너가 있어야 시도라도 해볼 수 있겠습니다. 하지만, 과정 자체가 마냥 행복하고 편안하기만 한 것은 아닐 것이라는 것은 조금만 생각해보면 누구나 짐작할 수 있습니다.

근육운동은 트레이너가 직접적으로 근육의 움직임과 자세를 보여주고, 또 잘못된 자세를 교정해주기도 쉽습니다만, 명상은 그 사람 내면에서 일어나는 느낌을 만지듯이 느껴서 키워나가는 것이기 때문에, 지도해줄 사람을 구하기가 굉장히 어렵습니다. 그리고 느낌이란 것은 동작을 지시하는 것보다는 정확하게 같은 느낌을 전달해주기에는 소통의 문제가 있습니다. 그래서 서로 지적해주고 문제점을 바로잡아나가기도 극히 어렵습니다.

그러므로 명상을 통해 정신적, 육체적으로 좀 더 나은 사람이 된다는 것은 일반적으로는 불가능하지 않나 생각됩니다. 명상을 통해 활력을 얻었다는 분들을 보면, 고요한 이완을 통해, 불필요하게 소모되고 누전되어지고 있는 여러 감정의 찌꺼기, 흥분의 잔재와 잡생각을 종료하게 된 데에서 생긴 에너지의 여유 정도이지, 가지고 있는 본연의 에너지가 증폭된 것은 아니라고 봅니다.

즉 적극적 활성화의 과정을 통한 것은 아닌 것으로 생각됩니다.

그렇더라도, 이런 명상적인 방법이 값어치가 없는 것은 아니며, 생각과 느낌으로 정신적, 신체적으로 활성화를 이룰 명상적 가능성이 있으면, 좀 더 쉬운 방법을 연구해볼 수도 있습니다.

그래서 우리는 보다 쉬운 '정, 기, 신' 또는 '파충류, 포유류, 영장류'의 뇌를 명상적으로 활성화시키는 방법을 찾아보도록 합니다.

가. '정'을 활성화시키는 명상적 방법

일반적으로 누구나 선택하는 접근법은 운동을 하는 방법과 좋은 음식을 먹는 방법입니다. 여기에 명상적인 의미를 좀 더 부여해서 적극적인 활성화 방법을 만들어볼 수 있습니다. '운동＋음식, 그리고 이완'을 통한 방법입니다.

보통, 처음으로 명상을 배우거나, 가르칠 때, 배우는 사람이나 가르치는 사람이나 모두 선호하는 것이 '무념무상'과 '이완'입니다. '정'이라는 에너지는 물질적인 신체가 가장 활발하고 효율적으로 활동할 때 만들어지고 발산됩니다.

우리의 내장들은 두뇌를 먹여 살리는 에너지 생산기관입니다. 당연히 에너지의 생산 효율과 생산량은 내장과, 내장을 조율하고, 내장기관에 영향을 미치는 여러 조직들과의 협조나 간섭 현상에 의해 실시간으로 달라질 수 있습니다.

앞 장에서 설명했듯이, 우리가 처음으로 세상에 태어났을 당시에는 기본 프로그램만 설치된 채로 공장에서 소비자에게 갓 배달된 컴퓨터와 같은 상태입니다. 그런 존재가 살아가면서 언어도 배우고, 각 집안 환경에 맞는 지식을 습득하고, 개별적으로 필요한 기능들을 설치하면서 발생하는 상황에 적응해서 한 사람의 몫을 하게 됩니다.

다르게 말하면 사회적으로 한 사람의 몫을 하면서 살아간다는 것은, 기본 신생아의 몸(신체조절기능＋감정기능＋인지기능)에서 감정기능과 인지기능을 상대적으로 큰 폭으로 향상시키면서, 즉 세세한 기능을 가다듬고 추가하면서 살아가게 됩니다.

그리고 여러 가지 일들을 겪으면 겪을수록, 여러 감정과 결합된 일들을 행하면 할수록, 그 당시 느낌, 생각과 필요에 의해서 학습되고 얻어진 일시적인 경험과 정보 들이 필요할 때에 사용되고 나면 신경 속에서 필요한 부분, 덜 필요한 부분으로 나누어서 정리되면서 자연스럽게 사라져야 합니다. 그러나 현실에서는, 불필요한 부분들도 우리의 의식 속에 미세하게 계속 남아 있게 됩니다. 마치 TV 화면의 잔상과도 같습니다.

인간의 신경 구조는 신체조절기능과 감정기능, 이성기능이 각자 점유하고 작동하는 부분들이 명확하게 분리되어 있지 않기 때문에, 머릿속이 복잡하면 할수록 각 기능 사이에 서로 영향을 미치게 됩니다. 생각과 감정이 넘치게 되면, 신체조절기능에 영향을 미치게 됩니다. 두뇌는 한정된 능력을 가지고 있기 때문에 부정적인 방향으로, 정확히는 인체의 에너지 생산성을 떨어뜨리는 쪽으로 작동합니다.

신생아의 상태일 때가 신체조절기능이 가장 그 개체에 최적화되어 있는 상태라고 평균적으로 볼 수 있는데, 복잡한 생활과 부정적인 경험 등을 겪으면서 그런 기억과 감정 들이 미세하게 쌓이고 쌓여서 본래의 균형을 위협할 정도가 되면, 신경조직 전체의 효율성과 전체적 통일성을 해치게 됩니다. 오래 사용한 PC가 느려지는 것과 같습니다.

이것이 스트레스가 신체화되는 과정, 스트레스가 질병을 일으키는 과정이 됩니다. 이런 위험성의 지표가 되는 것이 근육의 경직입니다. 특별히 육체적 피로가 쌓일 정도의 활동이 없었음에도 불구하고, 근육이 지치고 피곤하다면, 그 사람의 신경계는 여러 부정적인 정보(감정적 경험＋부정적 지식)에 침식당해서 초기에는 과부하가 걸린 상태가 되고, 나중에는 생기가 없어진, 노화된 것 같은 상태가 됩니다.

근육이란 신경계의 지배를 받는 조직으로, 근육 속을 지나가는 신경계가 과부하가 걸리거나 피곤하게 되면, 근육도 감전되듯이 경직이 오게 됩니다. 그러므로 이유 없이 근육이 뭉치거나 뻣뻣하다면, 자신이 살아가면서 겪었던 부정적인 경험이나 기억 들이 신경조직 속에 전기화학적으로 발생했다가 계속해서 종료되지 않고 잔상처럼 존재하고 있다는 것을 의미합니다.

그렇기 때문에, 명상에서 처음으로 지시하는 이완이란, 근육을 이완시키는 것이 목적이지만, 그 내면에는, 기능에 따라 구조적으로 분리되지 않은 신경계를 교란하고 있는 잡다한 내면의 의식의 잔상을 종료(정리)시킴으로서, 신체조절기능이 방해를 받지 않고, 신생아의 상태로 온전히 작동하게 하는 것을 목표로 합니다.

이런 과정을 통해서, 생각을 조용히 가라앉혀서 내면의 쓸모없는 부정적인 경험과 느낌 들을 종료시키면, 몸이 가벼워지는 것 같고, 근육이 부드러워지며, 뭔가 에너지가 차오르는 것 같은 느낌을 받는 것은 신체조절기능이 회복된 결과입니다.

그러므로 '정'이라는 육체적 에너지를 증가시키는 것은 단순히 물리적으로 근육을 강화시켜서 무거운 것을 들거나, 빨리 달리는 등의 활동이 아니라, '인체'라는 에너지 생산 시스템을 최적화시켜서 높은 에너지 효율을 만들어내는 것입니다. '정'이 충만한 상태는 근육이 적당히 이완되어 있고, 생기 있으며, 피부도 적당한 보습과 활기가 있으며, 전신의 감각이 살아 있으며, 스스로만으로도 충만한 존재감을 느끼는 것입니다.

이런 상태를 설명하는 가장 정확한 단어는, '어린이'입니다. 나쁜 환경적 영향을 받지 않고 잘 양육된 어린이는 놀라운 회복력과 면역력, 지구력을 보여줍니다. 어린이야말로 '정'이 충만한 상태입니다. 설사, 어린이가 자주 감기에 걸리고 식사도 못하며 잔병치레에 시달려도, 당연히 건강한 근육질의 노년층보다는 무조건 더 육체적으로는 낫습니다. 노년층은 지금 현재의 신체적 기능들을 30년 이상 지속한다는 보장은 없지만, 어린이는 평균적으로 60년은 지속할 수 있습니다. 인체라는 생명 유지 시스템의 건전성과 지속성에서 어린이는 압도적이라고 볼 수 있습니다.

그러므로, '정'을 기르는, 육체를 가장 좋은 상태로 유지하는 기준이 되는 것은 어린아이와 같이 되는 것입니다. 몸도 활력이 있고, 감정도 밝고 가벼우며, 생각도 복잡하지 않은 상태, 쓸모없는 에너지 낭비가 없는 상태가 어린아이의 평균적인 특성입니다. 또 이것이 '정, 기, 신'이라는 에너지 피라미드의 든든한 하단부인 육체를 튼튼하게 하는 기준입니다.

이런 과정이 어렵다면, 좋은 음식과 휴식, 적당한 운동에, 특히 주기적으로 머릿속을 정리·정돈하는 방법이라고 생각하면 됩니다. 컴퓨터도 느려지면 주기적으로 최적화 프로그램에 의해 메모리 정리를 하듯이, 어른도 주기적으로 머릿속 비우기인 명상을 통해 자신을 리셋하는 것이, 질적으로 좀 더 나은 건강을 만들어 갑니다.

이는 구체적으로 어떤 느낌으로 다가오냐면, 육체를 조절하고 느끼는 뇌의 기능이 활성화되는 것으로, 스스로의 신체적 존재감·입체감·현실감을 향상시킵니다. 이런 에너지 피라미드의 하부 구조가 확장되고 안정적으로 되면, 현실적이고, 자기 자신의 존재감을 보다 더 잘 느끼게 됩니다.

이런 사람은 상상 속에 빠지더라도, 현실적이지 않은 생각은 자신도 모르는 사이에 마음속에서 제한되게 되고, 더더군다나 다른 사람의 감정이나 주변 환경에 덜 영향을 받게 됩니다. 마치 보호막이 생긴 것 같은 느낌이 됩니다.

감정이나 생각은 육체보다는 덜 독립적입니다. 주변 사람에게 잘 휘둘리는 것이 감정과 생각이라면, 육체는 물리적인 힘이 가해지지 않으면 영향을 잘 받지 않습니다. 그러므로 육체가 효율적인 상태, 스스로 충만한 상태가 되고, 특히 하체의 감각이 살아있고 안정된 사람은 '정, 기, 신'이라는 피라미드 구조가 하단이 넓은 안정적인 모습을 갖추게 됨으로써 감정과 이성이 보다 사실에 근거해서 반응하며 현실적이고 구체적으로 활동하게 됩니다.

감정적으로 불안정하거나 이성이 마비된 것처럼 머리가 멍한 사람들을 보면, 몸의 아랫배와 다리 등이 다른 부위보다 상대적으로 덜 활성화된 경우가 많습니다.

주변 사람들보다 예민한 사람들은 특히 감정적, 이성적 기능이 발달한 경우가 많습니다.

이런 경우에도 육체와 육체를 관리하는 '정'의 에너지 활동을 증가시키게 되면 주위 환경에 대한 자신의 민감함을 감소시킬 수 있습니다. 즉 육체를 조절하는 뇌의 기능을 활성화시키면 지금 현재의 '육체, 감정, 생각'의 에너지 구성 비율이 변하게 되며, 주변 분위기에 덜 끌려다니면서, 민감함을 선택적으로 통제할 수 있게 됩니다.

과거처럼 육체적 생산 활동이 꼭 요구되는 시대보다, 요즘과 같이 외부적 신경 정보 ─ 자극이 많은 상황에서는, 이런 정보와 자극 들을 보다 안정적으로 처리하기 위해서 육체를 튼튼하게 하고 최적화는 것은 더 필요한 일이 되었습니다. 각종 연구 등에서 보면, 허벅지 근육이 발달하면 할수록 (근육＋허벅지 속 신경) 심장병에 덜 걸리고, 정서적으로 안정된 삶을 산다고 합니다.

일반적으로 명상을 하는 사람들이 다른 사람들보다 심리적으로 안정되거나, 약간은 단순해 보이는 것은, 이 분들이 하는 명상이 생각 비움―마음 비움 등이므로 이런 명상을 꾸준히 잘 수행하면, 자연적인, 방해받지 않는 신체의 자기만의 독립성을 회복하는 경우가 많기 때문으로 보입니다.

나. '기'를 활성화시키는 명상적 방법

육체의 건강과 에너지를 만들어가는 것이 '정'의 과정이라면, 이는 신경계에서 보자면 말초신경―운동신경과 감각신경, 자율신경을 활성화시키는 결과를 가져옵니다. 이는 신체가 이완되고 몸 전체의 감각이 적당히 살아있는 충만감을 가져오는데, 이런 충만감이 지속적으로 충족되게 되면 정서적으로 은근히 좋은 기분, 좋은 느낌이 살아나기 시작합니다. 이것은 자연적인 과정이지만, 좀 더 명상적인 노력을 한다면, 그것은 운동과 좋은 음식만으로는 직접적으로 활성화되지 않는 부분을 좋은 느낌과 감각적 경험으로 자극하는 방법입니다.

이것은 근력의 힘을 강화시키는 방법이 아닙니다. 우리는 정서를 활성화시켜야 하기 때문에, 육체적 감각을 활성화시키는 방법으로 몸으로 느껴지는 기분 좋은 느낌, 기분 좋은 체험을 사용하는 것입니다.

예를 들면 숲속의 시원한 소리들, 크고 넓은 압도되는 풍경을 바라 볼 때의 느낌, 여름에 계곡물에 발을 담갔을 때의 느낌, 기분 좋은 느낌의 냄새, 맛있는 음식의 식감, 파도가 치는 모래사장에서 느껴지는 발가락 사이의 감촉 등 사람마다 특히 선호하는 육체적 감각이면서도 기분 좋은 느낌을 불러일으키는 그런 것들이 있습니다. 그런 신경 자극을 너무 강하지 않게, 누적해서 연속으로 조금씩 주는 것이 좋습니다.

그런 과정을 통해서 전체적인 마음의 무게가 가벼워지고, 마음의 높이가 조금씩 올라가서, 마음의 밝음이 어느 정도 유지가 된다면, 이번에는 좀 더 복합적인 감정적인 경험 — 음악이나 미술, 연극, 영화, 친구와의 즐거운 만남, 연인과의 좋은 감정적 교류를 통해 기분 좋은 감정과 느낌을 좀 더 조직화하고 더 고양시켜 순수한 기분 좋음의 영역까지 확대할 필요가 있습니다.

우울증이나 불면증, 공황장애 등 신경이 이미 많이 약해진 사람은 좋은 자극이라고 한번에 많이 또는 좋다고 반복해서 자주 하게 되면, 오히려 몸이 더 약해져버리게 되니 짧게, 조금씩, 기분이 좋아지는 정도로 자주 반복하는 것이 좋습니다.

명상수련을 하는 분들 중에는, 한의학에서 말하는 전중혈 — 가슴뼈 한가운데를 응시하면서 호흡을 하면 이 정서의 에너지가 활성화된다는 분들도 있습니다만, 그런 경우는 여러 가지의 전제조건이 갖추어졌을 때 가능하다고 생각됩니다. 그러므로 쉽게 응용하는 것은 권하지 않습니다.

'기', '감정', '정서' 이런 에너지가 충분히 활성화되었는지 알아볼 수 있는 기준점은 '희망' 또는 '용기'입니다. 매사가 희망적으로 보이거나, 용기가 솟아오른다면, 그때는 충분히 생각의 뇌를 활성화시킬 준비가 되었다고 볼 수 있겠습니다.

다. '신'을 활성화시키는 명상적 방법

육체와 감정이 충분히 각각 활성화되고 충전된 상태가 되며, 서로 간에 정상적인 피드백(순환)을 주고받을 수 있는 상태가 되면, 인간은 영장류이기 때문에 이미 존재하고 있는 회로와 시스템, 즉 생각의 뇌가 움직이게 되고, 이성이 활동하기 시작합니다.

그러나 인간의 이성이란, 그동안의 경험에 의해 자극받고 활성화되기 때문에, 제대로 힘을 받기 위해서는 지적인 자극이 필요합니다. 이는 정서적 자극과 감동을 주는 그런 문학작품이나 예술 활동 등이 아닌, 지적 호기심을 자극하거나 채워줄 수 있는 그런 기회이면 충분합니다.

꼭 독서가 아니더라도, 그런 여행이거나, 그런 사람을 만나거나, 아니면 그런 생각이 떠오를 수 있는 어떠한 활동도 상관없습니다.

이 '신', '이성'을 활성화시키는 자극은 유형적인 형식에 좌우되지 않고, 얼마나 호기심을 충족시키는지, 뭔지 알 것 같은 쾌감의 순간을 주는지에 따라 달려 있습니다. 명상적으로 본다면, 이마 한가운데를 집중해야 한다고 하는 사람들도 있는데, 이것은 권하고 싶지 않습니다.

준비가 되지 않은 상태에서 이런 노력을 한다면, 오히려 명상 부작용인 상기병에 걸릴 가능성이 높습니다. 상기병이란 두통, 어지러움, 상열감 등을 주증으로 하는, 일종의 정신적 혼란 상태를 말합니다.

논리적 탐색과 이성적 호기심이 '신'을 각성시키는 것이지, 물리적인 집중이 도움이 되지는 않습니다. 나이가 들어서도 지적인 호기심을 젊은이들 수준으로 유지시키는 사람은 에너지 피라미드의 아랫단계들인 '정'과 '기'가 튼튼한 분들이 많습니다. 그런 분들은 육체적·정서적 에너지 대사가 안정적인 분들이 많고, '신'이 뚜렷하다는 것은, 헛된 활동이나 감정적 혼란에 빠질 가능성이 작으므로, 생활에서의 에너지 소비를 보다 더 효율적으로 할 수 있습니다. 그러므로, 지적인 호기심이 어느 정도 살아있느냐에 따라 그분의 노화 정도를 체크해볼 수도 있습니다.

그 외에 직접적인 자극법으로 '화두'를 드는 불교의 간화선이나, 도교의 수행 방식인 내단을 단련하는 법도 있긴 합니다만, 역시 일반적으로 쉽게 다룰 수 없는 부분이며, 특히 이 '신', '머리'와 관련된 명상법의 부분들은 '정'과 '기'에 비해 상대적으로 정리된 부분이 약합니다.

라. '정, 기, 신'을 회복하는 명상법의 실제 활용

각각의 '정, 기, 신'을 회복하는 명상법을 전반부에서 소개했다면, 이제 건강한 '정, 기, 신'의 기준이 무엇인지, 각각의 '정, 기, 신'을 회복하는 명상법을 배합하여 어떻게 정신적, 육체적으로 건강한 사람을 만들어갈 것인지에 대한 설명이 있어야 실제 생활에서 도움이 될 수 있습니다.

이제 '정, 기, 신' 각각을 회복하는 명상법에 대해서 알아보았습니다만, '건강하다', '튼튼하다'라는 것은 '정, 기, 신'을 통합한 관점에서는 어떻게 정의하고 기준을 세울 수 있을까요?

막연히 '튼튼하다'든지, '병에 잘 안걸린다'든지, '활력이 넘친다'든지 하는 것은 시간이 지나고 나면 "아, 그렇구나" 하고 생각하는 기준이 될 수는 있겠지만, 앞으로 이 사람의 미래를 예측할 수 있을 정도로 구체적이지는 않습니다.

좀 더 구체적인 기준이 있어야 현재의 우리 상태를 파악할 수 있고, 그것을 바탕으로 미래의 우리 건강을 예측할 수가 있게 됩니다.

'정, 기, 신'이라는 관점에서는 각각의 에너지가 얼마나 활동적인지도 중요하지만, 그만큼 더 중요한 것이, '정, 기, 신' 이 셋의 에너지 활동량의 비율입니다.

그림 4 '정, 기, 신'이 일정 부분 경계선을 공유하는 형태

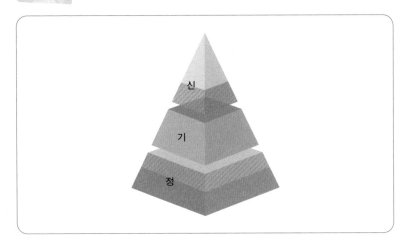

지난번 도표에서도 보았듯이, 대부분은 피라미드 형태를 띠게 되고, 이는 생태계의 먹이 피라미드-에너지 피라미드와 유사한 형태를 띱니다.

즉 '정'의 활동과 그에 따른 에너지가 더 많고, 그 다음이 '기', 그 다음이 '신'이 됩니다. 이걸 다르게 해석하면, 인간의 모든 활동 중에 (생명은 활동이기 때문에) 육체적 활동이 가장 많고, 그 다음이 감정적·정서적 활동이며, 이성적 활동은 더 적다는 것입니다.

어떤 사람들은 스스로가 "머리를 많이 쓴다", "이성적 활동을 많이 한다"고 주장하지만, 아무리 이성적인 생활을 하는 사람이라고 하더라도, 육체적인 활동이 훨씬 많습니다. 이런 사실이 실감이 나지 않는 것은 육체적 활동이라는 것을 겉으로 보이는 동작에 중점을 두고 생각하기 때문입니다.

우리는 살아 숨쉬고 배설하고 호흡하고 혈액을 정화해서 에너지를 산출하는 거대한 에너지 발생 시스템입니다. 이런 조직을 대략 50조 개의 세포 개체들(이들도 각각의 생명체들입니다)을 감독하고 움직이게 해서 각각의 조합과 집단 계통 체계를 유지하는 것은 얼마나 많은 개입과 조정 활동이 필요할까요? 더구나 이런 생명 반응은 우리가 잠들어 있는 동안에도 쉬지 않고 움직이고 있습니다.

그러므로 감정이 아주 풍부하거나 아주 메마르거나, 이성적으로 생각이 많거나, 단순하거나 간에 실제적인 큰 틀의 피라미드 구조에서 보면 크게 차이가 나지 않습니다. 피라미드가 다이아몬드 형태가 된다든지, 역피라미드 구조가 되거나 하는 일은 일어나지 않습니다. 그런 정도의 불균형한 신체의 '정, 기, 신' 활동이 일어나는 즉시 인체 생태계는 더 이상 유지 불가능하게 됩니다.

그럼에도 불구하고 정신력을 과하게 발생시킨다든지, 감정적으로 흥분하게 되면 육체적 상태가 요동치게 됩니다. 이는 마치, 생태계에 크게 영향력을 미치지 않는 것으로 보이는 특정 동식물의 감소나 증가가 실제로는 지구 생태계에 영향을 미칠 뿐만 아니라 기후에도 영향을 미칠 수 있는 것과 같습니다.

그럼 우리는 어떤 비율을 기준으로 해서 각 '정, 기, 신'을 강화하는 식생활, 운동생활, 명상법을 실행해야 할까요? 앞 장에서 설명한 정신력을 강화하는 방법들 — 각각의 '정, 기, 신' 부분들을 그냥 무작정 따라해보면 될까요?

실제로 해보면 언제 '정'의 부분을 실행하고, 언제 중단하며, 다음에는 무엇을 해야 하는지 선택하고 결정하는 것이 쉽지 않다라는 것을 알 수 있습니다.

거기에 대한 구체적인 순서와 변화를 결정하는 순간은 각각의 사람마다 너무 다르긴 하지만, 가장 효율적인 방법이 아니라 가장 안전한 방법 정도는 설명할 수 있습니다.

먼저 '정'을 튼튼하게 하는 생활법·명상법을 실행하는 것이 기본입니다. 다른 부분은 잊어버리고 '정－육체'만을 튼튼하게 하는 것에 중점을 두어야 합니다. 그런 과정을 거쳐서 몸이 가볍다고 느끼고, 실제로도 몸이 부드러우며, 피로감이 없는 상태가 어느 정도 되었다고 느끼면, 그때 대부분의 사람들은 그런 좋은 상태를 더 강화시키고 싶어서 더 집중을 하고 노력을 하게 됩니다.

그러나 가장 건강한 몸이란, 어린아이와 같은 몸을 기준으로 삼아야 합니다.

건강한 할아버지와 잔병치레 많은 어린아이의 경우에도 압도적으로 어린아이가 건강합니다.

극단적인 비교이긴 하지만, 건강을 단순히 겉으로 보이는 화려함에 중점을 두는 것이 아니라, 얼마나 지속 가능한가를 중시해야 한다는 의미입니다. 같은 연령대에서 비교를 한다고 하더라도 피부, 근육과 관절의 부드러움, 정신적 호기심 등의 총명함이 좀 더 어린이에 가까운 사람의 생명이 더 건강하게 오래 유지됩니다.

건강이란 물리적 힘이 아니라, 생명 시스템의 건전성을 의미합니다.

그런 뜻에서 육체만을 아무리 힘이 세게 개조한다고 하더라도 그것이 꼭 총기 있는 장수, 총명한 장수를 보장하지 않습니다. '정'과 '기'와 '신'이 잘 조화를 이룬 상태만이 시스템의 안정성을 유지할 수 있음은 앞 장에서 설명한 바가 있습니다.

그러므로, '정'을 충만하게 하는 노력을 하는 것은 권장할 만한 일이지만 어느 정도 일정 부분 충족되는 바가 있으면 그때에는 다른 전환이 필요합니다.

그러니, 몸이 가볍고 부드러우며 피로감이 없는 상태가 어느 정도 되었다면, 다음은 '기'를 채우는 노력을 해야 할 때입니다. 육체에서 느껴지는 좋은 느낌이 있을 때, 그 바탕 위에서 마음을 편안하게 해주거나, 행복하고 흐뭇하게 해주는 그런 정서적 보충을 해주면 됩니다.

몸이 가볍다고 계속 운동에만 집중하는 것은 장기적으로 좋지 않다는 뜻이며, 몸의 건강이 어느 정도 해결되었다고 생각한다면, 그 바탕 위에서, 문화 활동을 하거나, 여행을 하거나, 어쨌든 우리의 정서를 풍부하게 해주는 활동이 필요하게 됩니다. 그런 의미에서 아름다운 산이나 경치를 찾아가는 등산이나 트레킹 등은 '정'과 '기'를 모두 보충해주는 좋은 활동으로 보입니다.

다만 같은 곳을 등산하더라도 주변의 시각적·청각적 자연환경을 잘 즐기면서 하는 것과 그냥 모든 걸 무시하고 근육운동에만 집중하는 것은 차이가 날 수 있습니다.

당연히 몸이 무겁고 피로할 때보다, 육체가 어느 정도 가벼워지고 활력적인 탄력성이 생겼다 싶을 때 갖는 문화 활동이나 호의적이고 화기애애한 사교 모임은 좀 더 즐겁고 감동으로 다가오게 됩니다. 이런 상태에서는 좀 더 감정적 상처가 쉽게 치유됩니다.

항상 복합적으로 생각해야 하며, 이렇게 육체적, 정서적으로 좋은 상태가 되었다고 해서 이렇게만 반복하게 되면, 오래 가지 않아서 다시 뭔지 모르는 답답함의 상태, 즉 기존의 좋은 컨디션을 유지하는 것도 어려운 때가 오게 됩니다. 이는 '정'과 '기'만 관리해주었기 때문으로 '신'을 등한히 했기 때문입니다.

육체적, 정서적으로 만족스러운 상태가 되었을 때에는 꼭 지적인 호기심을 각성시키고, 모르는 것이거나, 특히 상상도 하지 못했던 것, 지금까지의 삶과는 동떨어진 영역이나 입장을 접하고 이해해보는 것이 중요합니다.

이는 피라미드를 짓는 공사의 맨 위 삼각형을 놓느냐 안 놓느냐에 해당하는 것으로, 인체가 안정적인 구조를 만드느냐 아니냐의 마지막 관문입니다. 지적인 각성, 즉 새로운 지식이나 인식에 대한 탐구 없이는 '정, 기, 신'으로 구성되어 있는 정신-육체의 복합체인 인체를 선순환시킬 수가 없습니다.

왜냐면, 인간은 고립된 존재가 아니라 다른 사람들과 어울려 생활하며 끊임없이 자극을 받으며 살아가기 때문입니다. 실제로 정신적인 괴로움은 모두 다른 사람과의 직접적인 관계나, 간접적인 관계인 경제적 문제 등으로 일어납니다. 이럴 때 생각의 뚜렷함이 없다면, 자기 자신을 추스르고 더 나은 방향을 설정하는 데에 어려움을 겪게 됩니다.

건강을 이야기할 때, "순환이 잘 된다", "잘 안된다"는 일반적으로 하는 판단의 기준입니다. 젊은 사람부터 연세든 분까지 몸이 순환이 된다, 안된다 이런 이야기는 일상에서 굉장히 자주 하는 말들입니다. 이런 경우, 순환이 잘된다 안된다는 몸이 부드러운지 그렇지 않은지, 손발이 따뜻한가 차가운가, 뒷목이나 어깨가 뭉치느냐 안 뭉치느냐 등 주로 신체의 활성도가 골고루 잘 유지되고 있느냐에 치우쳐 있습니다.

그러나 진정한 의미에서의 순환, 즉 질병이 없고, 감정적으로 잘 활성화되어 있고, 이성적으로 잘 발달되어 있는 총명하고, 무병하며, 마음이 화목한 삶을 위해서는 다른 차원의 순환이 필요합니다.

현재 우리가 흔히 말하는, 순환이 된다 안된다라는 것은 육체차원의 작용만을 이야기하는 것이고, 단순히 혈액 순환이라는 결과에만 집중하고 있는 것입니다. 진정한 건강, 지속 가능한 건강, 미래에 더 나아지려는 건강을 위한 순환은 '정, 기, 신'의 순환입니다.

간단히 예를 들면, 아침에 일어나서 운동을 가볍게 하거나 스트레칭을 해서 몸이 부드러워지면, 기분이 그에 맞춰 가벼워지고 긍정적이 되면서 흥이 나게 되고, 영화를 볼까나 친구를 만나볼까

등의 마음이 일어나게 되며, 오랜만에 친구를 만나서 좋은 마음의 교류를 하게 되면, 낮에 풀리지 않았던 문제, 해결해야 할 문제들에 대한 실마리가 떠오르거나, 갑자기 뭔가를 배워보고 싶거나 궁금한 것이 생기고, 찾아보고 싶은 지적 욕구가 생겨야 합니다. 이것이 '정, 기, 신'의 순환이 진정한 순환이 되는 이유입니다.

이것은 '정'이 충만하면 '기'의 에너지가 활동하게 되고, '정'과 '기'의 활력이 상승하면 '신'의 움직임이 생겨나는 것으로, 정상적인 인체의 단계들이 '육체 → 정서 → 이성'으로 자연스럽게 에너지가 흘러가는 것을 뜻합니다. 이렇게 한번 흘러가게 되면 이런 상태에서는 그냥 몸만 운동하고 각성시킨 것보다 훨씬 몸의 상태가 안정적이 되게 됩니다.

여기서 운동을 하거나 몸에 좋은 음식을 보충하면 정의 활력이 지난번보다 더 생기게 되고, 그 다음은 '기', 그 다음은 '신' 이런 식으로 좋은 순환이 되어서 일상에서 소모되는 정신 에너지를 보충하는 데 크게 도움이 됩니다.

이것이 가능한 이유는 우리가 육체를 사용하거나 감성적 활동을 하는 것은 부분적인 시각으로는 근육을 움직이거나 가슴을 설레게 하는 것이지만, 근육을 움직이는 뇌의 활동을, 정서를 느끼는 뇌의 활동을 하는 것입니다.

육체와 감정과 이성을 번갈아 하는 것은, 뇌의 모든 부분을 순차적으로 실행시키는 것으로서, 이는 뇌를 전체적으로 사용하는 것이며, 이는 뇌의 발달과 안전성을 만들어가는 일이기도 합니다.

그러나 만약, 업무가 너무 바쁘고 고민거리가 많다면, 자신의 상태를 일일이 체크해가면서 건강 관리를 하기 어려운 면이 있습니다. 그런 경우에는 느낌에 상관없이 평균적으로 배분해서 관리를 하는 것도 방법이 될 수 있습니다.

예를 들면, "'정'의 활동 6 : '기'의 활동 2 : '신'의 활동 1"의 비율로 투자를 합니다. 당연히 이 숫자의 비율 자체는 시간이라기보다는 체감이 우선이긴 하지만, 시간으로 대체할 수도 있습니다. 육체적 건강에 6의 단위를 투자했다면, 정서적, 문화적 활동에 2, 이성적, 지적 활동에 1을 투자하는 식입니다.

그런데 만약, 스스로가 다른 사람의 시선에 심하게 영향을 받고, 감정적으로도 불안정하다고 생각된다면, 이 비율보다는 "'정'의 활동 9 : '기'의 활동 2 : '신'의 활동 1"로 비율을 조정할 수도 있겠습니다. 피라미드 하부 구조가 넓어지면 넓어질수록 기민함과 민감도는 약해지겠지만 대신에 안정감은 높아집니다.

대체로 몸의 신경 구조의 위치상 분포를, '정, 기, 신'으로 나눠 볼 수도 있습니다. 배꼽 아래부터 하체를 '정', 가슴에서 배꼽까지를 '기', 머리 부위를 '신'으로 분류할 수도 있는데, 이처럼 인체를 부위에 따라 나누는 것이 한의학에도 있는데 '상초, 중초, 하초'라고 합니다(당연하게도 완전히 합치하는 분류는 아니지만, 이해를 도울 정도는 되어서 인용합니다).

일반적으로 하체의 근육이 발달한 경우에 심장병의 위험이 덜하고, 외부 스트레스와 자극에 덜 민감하게 반응한다는 것은 이미 연구 결과로 나와있습니다. 근육이 발달하기 위해서는 무엇이 필요할까요? 근육을 발달시키고 관리하는데 필요한 신경조직이 발달해야 합니다. 그러므로 하체가 튼튼하다는 것은 하체의 신경이 활달하다는 것, 하체를 관리하는 뇌의 활동이 활발하다는 것을 의미하며, 이는 안정감과 관련이 있습니다.

하체가 약하고 가슴도 빈약하며 머리만 큰 경우의 사람은 어떨까요? 머리는 비상할 수도 있겠지만, 두뇌 활동의 기복도 심하며, 관심분야와 생각하는 시야도 대체로 좁을 가능성이 높습니다.

이와 같이 자신을 잘 살펴서, 자신의 '정, 기, 신' 비율, '상초, 중초, 하초'의 비율이 어떻게 되는지를 알아본다면, 또 중요한 상황마다 변화된 자신의 '정, 기, 신' 비율을 알아보고 자신의 컨디션이 좋았을 때와 비교해본다면, 지금 자신이 어떤 정신적, 육체적 상태에 있는지에 대한 정보를 얻을 수 있습니다.

자신의 에너지 활동 중심이 '정'에 있다면, 생각을 하고 결정을 할 때, 아랫배로 생각하는 것 같은 육체적 욕망에 충실한 생각이거나, 장기적이고 변화에 덜 민감한 시야를 가진 결정을 내릴 가능성이 높고, '기'의 활동, 가슴에 에너지 활동 중심이 있다면, 감정에 치우친 생각이거나 바로 지금 현재의 현장감 있는 생각일 수도 있습니다. '신'에 에너지 활동 중심이 있다면, 오히려 비현실적으로 이상적인 생각이거나 너무 미래적인 생각을 하고 있을 수도 있겠습니다.

이렇게 '정, 기, 신'의 에너지 활동 비율에 따라 우리의 의식이나 생각이 변화하는 것은, 앞서도 말했듯이, 인간의 두뇌 구조가 육체적 활동을 관장하는 부분, 정서적 반응을 조절하는 부분, 이성적인 부분 등이 상당히 많은 부분을 공유하고 있기 때문입니다.

그러므로 '정, 기, 신'을 튼튼하게 하는 활동을 할 때에는 자신의 모습을 잘 관찰하는 것이 기본이며, 자신이 되고자 하는 목표를 설정하는 것도 중요합니다. 이는 마치 피트니스 대회에 나가는 것과 같습니다. 자신이 좀 더 강화되었으면 하는 부분에 좀 더 배정을 하면 됩니다.

근육과는 달리 '정, 기, 신'의 어느 한 부분을 바꾸려고 해도 나머지 부분들도 그에 맞는 비율로 바꿔줘야 하기 때문에 시간이 오래 걸리긴 하지만, 꾸준히 하면 충분히 변화할 수 있습니다.

2. 한의학에서의 신경정신과 치료

가. 힘이 필요한 사람들

인간이란 외부의 자극에 대해 반응하는 존재로서, 자극이 없다면 생명체로서의 인간도 없다고 볼 수 있습니다. 이런 자극들을 일정하게 처리하는 방식이 개인마다 다른데, 이를 '개체성'이라고 볼 수도 있고, '성격'이라고 부를 수도 있고, 좀 더 포괄적으로 말한다면 '인격'이라고 할 수도 있습니다.

신경정신과 질환들을 앓고 있는 분들을 보면, 태어날 때부터 그런 경우는 거의 없고, 대부분 삶을 살아가는 과정 중에 나타납니다. 이는 생활하면서 부딪히는 여러 상황들이, 이 분들에게 영향을 미쳤고, 그런 자극들이 반복적으로 좋지 않은 영향을 미치게 되었을 때, 그런 자극이 쌓여서, 자극을 처리하는 방식에 누적된 변화가 생겨서 나타나는 현상으로 볼 수 있습니다.

사람이 살아가면서 부딪히는 문제들, 즉 그 사람의 삶을 스스로의 의지에 반하게 하는 방향으로 작용하는 문제들, 그 사람들이 원하지 않는 식으로 나타나는 상황들에 대처하는 방식은 크게 3가지가 있습니다.

첫째는 회피하는 것이고, 둘째는 버티는 것－즉 참는 것입니다. 세 번째는 문제의 해결책을 찾아내는 것인데, 이 세 번째 방식이 이론적으로는 가장 바람직하다고 볼 수 있습니다. 하지만 이런 방식들이 더 이상 유효한 삶의 방식이 되지 못할 때, 사람들은 아프고 방향을 잃고 헤메게 됩니다.

이는 자신의 문제 해결 방식 체계인 성격 등이 현재의 문제 해결에서 벽에 부딪히는 것으로, 문제를 처리하는 방식이 비효율적인 경우입니다. 즉 과도한 에너지 소모를 불러일으키거나, 더 큰 문제를 일으키는 해결 방식을 갖고 있어서 장기적으로는 결국 문제가 되풀이해서 더 커져서 결국엔 감당할 수 없는 에너지 소모를 불러오는 경우가 있고, 또 하나의 중요한 원인인, 자신의 상태에서는 감당하기 어려운 큰 문제나, 반복적인 문제 상황을 자주 겪게 되는 일입니다.

신경정신과의 대표적 질환들인, 우울증, 불안장애, 불면증, 공황장애등이 거의 모두 이런 경우들에서 비롯된다라고 볼 수 있습니다.

이럴 때 사람들은 고통을 잠시 잊기 위해 신경정신과 약물들을 복용하거나 또는 기력이 조금 남아 있는 분들은 문제를 해결할 수 있는 지혜를 찾기 위해, 상황과 맞닥뜨려 있는 '나' 자신을 알기 위해 심리상담센터를 찾거나, 그도 아니면, 사주풀이와 신점, 종교인과 멘토, 친구들에게 의지하게 됩니다

그리고, 이런저런 노력들이 모두 실패로 돌아가고, 의욕을 잃어버리게 될 때 사람들은 더욱 더 신경정신과 약물에 의지하게 됩니다. 그렇지만, 고통을 느끼더라도 그나마 정신이 깨어 있는 상태에서도 문제를 직시하고 버티거나, 해결점을 찾지 못했던 사람들이, 의식을 몽롱하게 만드는 약물의 복용 상태에서 삶의 문제를 좋은 방향으로 해결해나갈 확률이 어떻게 될까요?

신경정신과에서는 한번 정신과 약물치료를 받게 된 사람은 결국 평생 동안 매번 개미지옥에서 벗어나려는 존재처럼 이런저런 헛된 노력을 되풀이하다가 결국에는 신경정신과로 반복해서 돌아오게 된다는 속설도 있게 됩니다.

한의학에서는 이런 문제들이 왜 일어난다고 생각할까요? 한의학에서는 정신력의 상실 또는 마음의 힘을 잃어버린 것이 이런 문제의 원인이라고 생각합니다. 삶의 과정에서 일어나는 문제들

을 생각할 때, 각종 심리 서적이나 성공학책에서는 모든 것이 기술의 부족이라고 이야기하는 경향이 있습니다. "당신이 좀 더 잘 대처했다면~"이란 전제로 이야기를 시작해서 "이런 경우엔 이렇게, 저런 경우엔 저렇게~" 친절하게 설명을 합니다.

그러나 삶의 문제란 이렇게 평면적인 것이 아니며, 기술뿐만 아니라 그 기술을 시도하고 지속시켜나갈 만한 건강한 에너지가 있어야만 헤쳐나갈 수가 있습니다. 배가 아무리 좋은 방향으로 뱃머리를 돌려도, 추진력이 없다면, 엔진의 힘이 없다면 변화는 일어나지 않습니다. 그냥 바람이나 물살에 떠밀려 다니는 수동적인 삶이 되겠습니다.

건강이란, 인체의 모든 구성 세포와 상위 조직, 기관 들이 살아있음으로써 존재하는 것으로서, 그냥 살아있다고 되는 것이 아니라, 유기체로서 존재하는 의미인 상호의존성과 독자성을 기반으로 하는 최대한의 생산성과 효율을 목표로 하고 있습니다.

이 말은 세포 각각의 생명 활동이 필수적이며, 이런 세포들에겐 공통적으로 이익이 되는 목표를 위해서 함께 협동하는 작용이 필수적이라는 뜻입니다. 마치 사람이 모여서 마을이 되고, 마을이 모여서 지방이 되고, 도시가 되고, 국가가 되면 여러 조직들이 분화되는데, 이 모든 것이 구성원 각각의 효율적인 생존을 위해서 유기적으로 협동하는 것과 같습니다.

그러므로 질병이란 완전체로서의 협력 과정에 의해 표현되는 활성 에너지, 협업에 결함이 생긴 것이며, 신경정신과 질환들은 특히 신경계에 그런 결함의 결과가 집중된 것으로 봅니다.

왜 신경계에 결함이 집중되었다고 하지 않고, 결함의 결과가 집중되었다고 하느냐면, 한의학에서는 인체의 각 구성 단계들이 상호의존성을 이루고 있다고 생각하기 때문에, 결함이 다른 내장에서 생기더라도 그 결함에 따른 부조화나 생산성 저하가 신경계에 영향을 미칠 수 있다고 보기 때문입니다. 즉 신경계의 직접적인 문제가 아니더라도 신경계에 영향을 미칠 수 있는 다른 기관의 결함일 수도 있습니다. 그래서 결함의 결과가 집중된 것으로 본다고 합니다.

그러므로 신경정신계통의 질환은 꼭 신경계의 문제에서 뿐만 아니라 신체 내 다른 모든 구성 요소들에게서도 올 수 있습니다. 이는 예전에는 한의학만의 개념이었지만, 최근의 IT 산업과 시스템 공학이 발달하기 시작하면서부터는 너무나 당연하고 일반적인 일이 됩니다.

그렇기 때문에 신경정신과 질환에서, 인간이 그 상황을 회피하거나 버티거나 또는 문제를 해결하지 못하는 이유는, 평상시라면 가능했을 일들이 불가능하기 때문이며, 이는 문제 해결 능력의 결손, 즉 에너지의 부족이 원인입니다. 일반적으로 흔히 쓰이는 '신경쇠약'이라는 말로 대표되는 건강한 신경 활동의 부재가 원인입니다.

다만 그 신경쇠약의 원인이 어디에 있느냐에 따라서 각각의 해석이 다르긴 합니다.

신경정신과 질병을 앓고 있는 분들이, 어떤 불편함이냐에 상관없이 공통적으로 드러내는 답답함과 의문점이 있습니다. 똑같은 상황에서 "예전에는 안 그랬는데" 왜 지금 이러냐는 겁니다. 지금까지 그분들이 살아오면서 현재 힘든 상황과 같은 것을 한 번도 겪어보지 않은 것은 아닌데, 이번에는 왜 본인의 희망과는 다르게 몸의 상황이 흘러가는지, 왜 지난번과는 다른지, 그것이 굉장히 답답해 하는 부분입니다. 전에는 의식하지 않아도 자연스럽게 몸에서 해결이 되었던 부분들, 그것이 안되는 것이 에너지의 부족이고, 신경쇠약이라고 볼 수 있겠습니다.

그런데 현재의 이런 불편한 증상들에 대처하는 일반적인 방식은 근원적인 부분을 의도적으로 무시하고 있는 것이 아닌가 하는 생각이 듭니다.

비유를 들어보자면, '호신술'을 생각해볼 수 있겠습니다. 가끔 TV나 유튜브에서 여성들을 위한 위급 상황에서의 몇 가지 호신술을 알려주는 경우가 있습니다. 예를 들면 뒤에서 누가 껴안았을 때, 멱살이 잡혔을 때, 상대방이 칼을 들고 위협할 때 등 그때마다 위험을 피하고, 상대방을 제압하는 적절한 방법들이 있고, 실제로도 상황에 맞게 잘 사용하면 효과적인 동작으로 복합 구성되어 있습니다.

그러나 그 영상을 보고 있는 누구도 그런 식으로 위급 상황이 모면될 것으로 보지 않습니다.

왜냐면, 그런 상황에서 꼭 필요한 어떤 것이 없다면, 그 어떤 호신술도 오히려 위험을 자초할 뿐이라는 것을 알기 때문입니다.

꼭 필요한 어떤 것이란 바로 담력과 스피드, 근력으로 대표되는 '힘'입니다. 정신적인 힘과 육체적인 힘이 없다면, 단순한 무기력한 동작만으로는 상대방을 제압할 수 없습니다.

마찬가지로, 인생의 문제에 부딪힐 때, 인생에 위협적인 상황이 발생했을 때, 어떤 경우라도 정신적 힘과 육체적 힘이 없다면 그 어떤 조언도 아무 필요가 없게 됩니다. 수많은 관중들이 있는 무대에 올라설 때, 떨리지 않아야 된다고 주문을 아무리 외워도, 실제로는 그 상황에서는 몸이 저절로 떨리느냐 떨리지 않느냐에 달려 있지, 본인의 마음먹기 노력이 크게 작용하지는 않습니다.

이와 같은 이유로 인생의 문제를 아무리 가볍게 생각하려고 노력하더라도, 또한 문제를 바라보는 시각을 달리하려고 하더라도 몸에서, 마음에서 힘이 나지 않으면 아무 소용이 없는 일이 되고, 오히려 의지를 불러일으킨 자체가 도리어 정신적인 힘을 소진시키는 결과가 되어서 더 무기력에 빠지게 됩니다. 젖은 성냥을 자꾸 켜려고 시도해봤자, 남아 있는 성냥의 개수만 줄어들 뿐입니다.

그러므로 인생의 문제 상황에 접하게 되었을 때 신경정신과 약물이라는 진통제에 의존하게 되거나, 상황을 좋은 쪽에서 일시적으로 포장하는 생각을 하게 되더라도, 자신의 문제가 해결되지는 않습니다.

자신의 장기적인 미래의 행복은 자신의 문제를 해결하거나, 해결 될 때까지 다른 주어진 일들을 꾸준히 노력하며 기회를 기다리는 데에서 기대해볼 수 있는 것이지, 스스로를 육체적, 정신적으로 마취해버리는 것은, 현재의 불행을 미래로 밀어버리는 일인데, 대부분의 불행은 미래로 굴러가면서 눈덩이처럼 불어나게 됩니다.

한 살이라도 젊었을 때, 정신적, 육체적 힘이 남아 있을 때 문제 상황을 버티면서, 외면하거나 회피하지 말고 계속해서 주시하면서 궁리하고, 동시에 자신이 해야 할 일을 꾸준히 할 수 있는, 진정한 멀티태스킹을 하는 것이 정답인데, 이를 위해서는 높은 사양의 PC처럼, 고사양의 인간형이 필요하며, 고사양의 시스템은 고에너지를 요구하는 것이 상리입니다.

그런데 이런 사람들, 인생의 반복되는 문제를 해결하다가, 그 사람 자체의 상황 대처 알고리즘이 미숙하거나, 좋은 방식을 갖고 있지만 그것이 자신의 육체적 건강에 맞지 않는 과도한 에너지를 소모하는 방식인, 그런 딜레마에 빠져 있는 사람들에게 힘을 충전시켜줄 생각은 하지 않고, 일시적인 회피만을 제공하고 있는 것이 지금의 신경정신과적 치료의 현실입니다.

다리뼈가 부러져서 걷지 못하는 사람들에게 진통제만을 투여하고, 통증을 피해서 두 팔로 기는 방법만을 가르치는 이유는, 뼈를 빨리 붙게 하는 방법을 모르기 때문입니다.

현재의 신경정신과적 치료 방법은 과거 1960년대의 치료처럼 진통제만을 투여해서 일단 시간을 벌다보면, 환자의 상황과 환자 주위의 사람들이 환자에게 유리한 쪽으로 변해서 환자가 좋아지거나, 아니면 이 사람이 더 나아지려는 의욕을 포기해서 마음이 편해지거나, 둘 중의 하나를 기다리는 방식과 같습니다.

모든 신경정신과적 치료와 심리 상담이 불필요한 것은 아니지만, 그 치료들의 바탕에는, 이 사람의 소진된 에너지를 보충하고 강화시키는 것이 바탕이 되어야 합니다.

이런 부분에 대한 인식이 대체적으로 없는 것은 아닐 텐데, 그럼 왜 기존의 신경정신과 치료들은 '진통제'나 '방향잡기'에만 주력하고 있을까요? 그것은 활력을 불러일으키거나, '에너지'를 충전하는 실질적인 방식에 대한 정보가 없기 때문입니다.

나. 한의학이 중요한 역할을 할 수 있는 이유

한의학의 장점은 여러 가지가 있지만, 그중에서도 특출한 개념이 있습니다. 바로 '보약'의 존재입니다. '보약'이란 몸을 보하는 약이란 뜻인데, "기운을 나게 한다", "몸의 약한 부분을 정상적으로 되돌린다"라는 뜻을 가지고 있습니다. 일반적인 비타민이나, 각종 영양제, 피곤할 때 맞는 포도당 수액제 등도 몸을 활성화시키는 작용이 있습니다만, 보약과는 다릅니다.

보약이 특별하게 다른 점은, 보강할 부위, 활성화시킬 부위를 선택적으로 집중시킬 수 있다는 점입니다. 한약은 한약재-'약초'라 부르는 것과, 약재들을 배합한 탕약(일반적인 한약)으로 구별할 수 있습니다. 이 분류는 마치 식재료와 요리와의 관계와 같습니다. 식재료 하나하나의 의미와 맛도 있지만, 그 식재료들을 어떻게 선택하고 조합하느냐에 따라 전체적인 성격이 달라지고, 또 같은 이름의 요리, 같은 식재료가 들어간 요리라고 해도 식재료들 간의 비율을 어떻게 조합하느냐에 따라 다른 성격의 요리가 되듯이, 한약도 약재들을 어떻게 배합하느냐에 따라 다른 작용을 하는 한약이 됩니다. 그런 한약 중에 생명기능을 활성화시키려는 의도로 배합된 약을 '보약'이라고 합니다.

남성의 성기능과 관련된 부위를 활성화시키면 정력보약, 여성의 자궁기능과 관련된 쪽에 활성화시키는 기능을 집중시키면 임신하는 데에 도움이 되는 보약, 위장, 비장 등 소화기 쪽에 작용을 집중시키면 소화기능을 돕는 약, 이런 식이 됩니다. 다르게 비유하자면, 피아노의 건반은 누가 연주하고 있는지에 상관없이 동일하지만, 음표를 어떻게 배열하느냐에 따라 다른 느낌의 음악이 되는 것과 같습니다.

신경정신과 질환을 앓는 환자분들의 대부분이 자생적 문제 해결 능력을 상실한 것이라고 본다면, 문제 해결 능력을 회복시켜줄 수 있는 보약을 복용하면 됩니다. 다만 앞 장에서 설명했듯이, 인간의 에너지라는 것이 전기 규격처럼 220V 이런 식으로 단순하게 고정된 것이 아니라, 육체적 에너지와 감정적 에너지, 이성적 에너지 들이 각각 활성화되고, 상호 간의 정방향, 역방향 피드백이 작용하는 복잡한 구조이기 때문에, 그냥 보약을 먹어서는 정신적 문제에서 충분한 효과를 보기 힘들며, 부족한 부분을 잘 살펴서 약한 부분이 없어지도록 순차적으로 활성화시켜나가는 것이 중요합니다.

좀 더 자세히 설명하면, 우울증이나 불안장애, 불면증 등의 질환을 앓게 되었을 때, 대부분 운동이나 여행을 통해서 분위기 전환을 하려고 하거나, 문화생활, 친구를 만나는 등의 정서적 도움을 받으려고 합니다. 또는 긍정적인 생각을 하는데 도움이 되는 책을 읽거나 멘토를 찾기도 합니다.

질병 상태에까지 이르지 않은 사람은 이런 노력으로 조금씩 자기 자리를 찾아서 원래의 활성화된 에너지 상태를 유지할 수도 있겠지만, 이미 질병 단계로 진입한 분들은 육체와 감정과 이성 모두에 조금씩의 결함이 있기 때문에 이런 단순한 자극으로는 살아나기가 쉽지 않습니다.

여기에 한의학적인 치료법이 효과적이며, 한의학에서는 각각의 단계에서 부족한 부분들 — 육체와 정서적 활성도를 높이는 방법들이 존재합니다.

또한 일반적으로는 육체가 활발해지면 감정도 풍부해지지만, 이런 상호 간의 교류가 문제가 있는 분들도 있습니다.

다른 경우엔, 감정적으로 기쁘고 흥분하게 되면 신체의 혈액순환도 빨라지고, 기운도 나게 됩니다만, 이런 정상적인 활성도의 범주를 따르지 않는 경우도 많습니다. 기분이 나아져도 여전히 몸이 무겁고, 몸이 아주 활발해져도 기분이 나아지지 않는, 그런 경우에도, 한의학적으로는 대처할 방법이 있습니다. 양자 간의 교류를 활발하게 해주는 그런 치료법들이 존재합니다.

한의학에는 기와 혈을 보양하는 방법에서부터, 각각의 오장육부를 보양하는 방법, 그리고 '정, 기, 신'의 상호 교류를 활발하게 하는 경락을 순환시키는 방법 등이 오랫동안 발달되어오고 누적되어진 부분들이 많습니다. 다만 그 용어들이 현대의 교육과는 생소한 부분들이 있어서 오해가 있는 것이 사실입니다.

이런 한의학적인 실제적인 접근법은 일반인분들에게 이해하기 쉽도록 설명하려면 또 다른 책 한 권이 필요할 정도의 분량이므로 생략합니다만, 한의학이란 활성화의 학문이며 실제적인 수단이라는 것을 기억해주시면 됩니다.

다. 한의학이 부족한 부분

한의학에는 약한 기능은 끌어올리고, 넘치는 기능은 억제하는 수단이 있긴 합니다만, 약한 기운을 끌어올리는 기능인 보약은 충분히 차고 넘칠 정도로 수단이 많지만, 억제하는 수단은 아무래도 현대의학에 비해 부족한 부분이 있습니다. 항생제·해열제·진정제·진통제 등은 서양의학의 효과적이면서도 실질적인 도움이 크게 되고 있는 분야입니다.

한의학으로만 신경정신과 질환을 치료하려면, 초기 발병 단계이거나, 오래된 질병이라 하더라도 '육체 – 감정 – 이성' 라인이 크게 나빠지지 않은 상태인 것이 유리합니다. 신경정신과 질환의 한의학적 치료는 그 사람의 자생력을 키워나가는 치료이기 때문에, 어느 정도 그 사람의 정신적, 체력적 바탕이 남아 있는 상태에서는 치료 속도가 빠르고 만족스럽지만, 기반이 완전히 무너졌다고 해도 될 정도로 정신적, 육체적 황폐화가 진행된 상태라면, 치료에 필요한 시간이 좀 더 필요하게 됩니다. 그러므로 그런 경우에는 처음에는 신경정신과 약물의 도움을 같이 받으면서 한의학적 치료를 해나가는 것이 환자나 보호자의 고통을 줄이는 데 도움이 됩니다.

일단은 고통을 조금이라도 덜 민감하게 느끼게 해둔 상태에서 환자분의 자생력을 길러간다면, 서서히 신경정신과 약물의 의존도를 줄이며, 독립적인 사람으로서 살아갈 수 있도록, 정신적, 육체적 생명력을 되돌릴 수 있습니다.

실제 내원했던 경우를 살펴봅니다.

고1 남학생으로, 성적도 우수하고 성장하면서 특별한 말썽을 일으킨 적도 없는 착하고 성실한 친구였습니다. 부모님의 기대 속에 좋은 학교에 입학하게 되었는데, 처음 시험에서 본인에게는 충격적인 성적을 받아보게 되었다고 합니다.

시간이 갈수록 심한 스트레스로 수면장애가 생기기 시작하고, 안절부절하게 되고, 혼잣말이 심해지며, 학교 가려고 하면 식은땀을 흘리며, 토하기를 반복해서, 신경정신과를 방문해서 약물처방을 받게 되었습니다.

이후 불편한 증상들은 50퍼센트 정도 감소했는데, 아이가 축 늘어져서, 심한 무기력 현상을 보여서 한의원에 오게 되었습니다.

이 학생은 왜 이런 문제가 생겼을까요?

"시험을 너무 못봐서? 정신적 압박을 많이 받아서?"

물론 그런 것이 원인이긴 합니다만, 우리가 한 번 더 생각해봐야 하는 것이, 시험제도가 생긴 이래로, 아니 현재의 고등학생 중에 본인에게 충격적인 시험 성적을 통보 받은 사람들이 이 학생 하나 밖에 없었을까요? 그런 사람들 중에 몇 명이나 이런 불편함을 겪었을까요? 설마 모두가 다 그랬을까요?

그런 질문에 대한 대답은 "그냥 그런 사람도 있고, 그렇지 않은 사람도 있다"가 가장 흔한 것일 겁니다. 이런 설명은 얼핏 들으면 통계학적으로 무슨 근거가 있는 것같이 들려서 의미 있는 소리 같지만, 과일 가게에서 수박이 맛있는 것도 있고 맛없는 것도 있다는 소리와 같은 수준입니다. 전문가가 그런 이야기를 한다는 것은 이유를 모른다는 이야기와 같습니다.

당장 신경정신과 약을 중단해야 할까요?

이 학생의 경우 치료 결과를 보면 처음에는 정신과 약과 한의원 치료를 같이 했었습니다. 이런 종류의 약은 천천히 감량하지 않고 갑자기 중단하게 되면, 급격한 약물 중지 반응이 오는 경우가 많습니다. 정신과의원이나 한의원과 상의 없이 보호자 단독으로 갑자기 정신과 약물 복용을 중단한 다음 아이가 고함을 지르고 집을 뛰어다니며 샤워 후 완전 탈의 상태에서 돌아다니는 등 심각한 증상을 보이기도 했습니다.

이런 경우에 본인도 너무 힘들지만, 보호자도 무척 힘들어집니다. 과거의 한약치료 중에는 이런 경우에 급하게 진정작용을 보여줄 수 있는 광물질 종류의 약재들이 있었습니다만, 현재에는 거의 사용하지 않고 있습니다. 이 부분은 한의학의 포지션이 달라지고 있는 것과 관련이 있습니다만, 어쨌든 치료의 초기에는 신경정신과 약물과 병행해서 치료를 해야 하는 경우도 많습니다.

왜 이런 문제를 일으켰는지 어떻게 판단했을까요?

상담 결과 '정'이 심하게 약해져 있는 것을 발견합니다. 생활 습관에 대해서 이런저런 대화를 나누다가 알게 된 것이, 부모님이 두 분 다 직장생활을 하시기에 혼자 있는 시간이 많다 보니, 초등학교 5학년 때부터 자위행위를 하게 됩니다. 처음에는 호기심에 했겠지만, 나중에는 습관적으로 하게 되어서 근 6년간을 하루도 쉬지 않고 매일 5~6회씩 했다고 합니다(나중에 정신이 어느 정도 돌아온 다음 자세하게 들은 내용입니다).

이런 것이 아무렇지도 않다고 생각하는 사람들도 있겠지만, 과도한 자위행위나 성행위는 정신적 안정도의 기반인 '정'을 손상시킵니다. 특히 자위행위가 성행위보다 더 나쁩니다. 성행위는 상대방과의 교감이 있고, 교감을 통해서 어느 정도 안정감을 보충 받을 수도 있지만, 자위행위는 일방적인 누전과 다름없어서, 에너지를 심하게 소모하게 됩니다. 일반적인 자위행위가 모두 심각하게 나쁘다고 말하는 것은 아니며, 이 친구와 같이 수년을 매일 5~6회 지속하는 것은 심신의 안정성을 크게 해치게 됩니다.

정신과적 진단을 내리는 데에 있어서 100퍼센트 이것이 원인

이라고 할 수는 없지만, 이런 부분이 충격에 약한 정신 구조를
만드는 데에 영향을 미쳤다고 볼 수 있습니다.

라. 간단히 먹어서 도움이 되는 약초는 없다

한의학이라고 하면, 정작 한약 자체에 대한 호불호는 많이 다
르지만, 몸에 좋다는 약초−약재에 대한 관심은 높은 편입니다.
삼계탕에도 인삼, 황기, 대추는 기본에, 음식점마다 각기 다른 약
초들을 첨가하기도 하고, 각종 건강음료에도 한약재를 많이 씁니
다. 그래서 늘 받는 질문이 "뭘 끓여 먹으면 좋은가?" 하는 것입
니다. 정답부터 말씀드리면 "그런 약재는 없다"입니다.

앞 장부터 주욱 읽어오셨으면 어느 정도 알 수 있을 겁니다만,
인간 정신, 인간의 마음이란 하나의 단일체가 아니라, 여러 입
체적 차원에 걸쳐서, 여러 파장대에 의해 결합되고 유동적으로
움직이는 유기체 같은 것입니다.

인간의 몸을 '유기체'라고 부르지만, 인간의 정신도 마찬가지로
유기체입니다. 이것은 여러 가지 뜻이 있지만, "분할하면 더 이상
생존할 수 없는, 여러 부분들이 모여서 통일성을 갖게 되면 그 합
은 여러 부분들의 단순 집합보다 훨씬 상위의 어떤 것이 된다"는
의미가 강합니다.

그러니 인간의 마음을 향상시킨다는 것은, 단순하게 어떤 약초
를 먹거나 한다고 해서 되는 것이 아니라, 시기 적절하게 여러
다른 조건들을 점차 적용하고 조절해가야 하는 종합적인 계획이
있어야 합니다.

마치 지구 생태계를 튼튼하게 한다고 할 때, 어떤 특정 생물종에만 우위를 부여한다고 해서 그 효과가 긍정적으로 나타나는 것이 아니라 오히려 생태계 전체에 해를 끼치게 되는 것과 같습니다. 홍삼이나 인삼도 요즘처럼 장기 복용하게 되면 오히려 정신적인 건강에 해를 끼치게 됩니다. 이는 매일 같은 반찬을 먹거나, 매일 같은 노래를 듣는 것과 같아서 처음에는 활력이 생기는 것 같이 보이지만, 변화하는 삶의 여건에서는 결국 좋지 못한 결과를 가져오게 됩니다.

그러니 지름길이나 해킹코드 같은 단순하고도 쉬운 어떤 수단을 통해서 인간의 마음과 정신이 커지고 강해지기를 기대하는 것은 잘못된 생각입니다.

만약 100층짜리 빌딩을 튼튼하고 멋지게 하고 싶다면, 기초도 보강하고, 주차장도 개선하고, 내부 구조도 바꾸고, 전기나 수도, 배관 시설과 외벽도 바꾸는 등 체계적인 리모델링을 통해서만 가능한 일이지, 한두 가지의 간단한 조처로 전체를 업그레이드하지는 못합니다.

마음과 정신을 튼튼하게 한다는 것은, 세상이라는 자연과 사회 환경을 살아내고 적응해가는 나의 운영 체제를 업그레이드한다는 것으로, 인생을 해석하고 결정하는 틀을 바꿔가는 것입니다. 그리고 그 틀은 '육체'라는 필터를 통해서 걸러진 정보를 기반으로 하고 있습니다. 단순하게 생각하지 말고, 천천히, 꾸준히 해나가야 합니다.

그러므로 단일 약재를 먹어서 정신적 혼란을 극복해보겠다는 것은 뿔뿔이 흩어진 수많은 양 떼들을 한 사람이 몰아보겠다는 것과 같습니다. 그런 상황에서는 한쪽으로 몰면 다른 쪽으로 흩어지기를 반복하게 돼서 시간과 노력을 낭비하게 될 뿐입니다.

양 떼 무리가 크면 클수록 수많은 양치기개들을 동원해야 뜻하는 대로 몰아갈 수 있습니다.

마찬가지로 한두 가지의 약재로는 안되며, 복합적인 약재들을 변하는 상황에 맞게 변화를 주어가며 운용해야 합니다.

마. 명상과 한의학

의학의 발달 과정이나 일반적으로 스트레스를 풀어가는 방법들의 변화 과정을 보면, 역시 시대적인 요구를 충실히 반영하고 있다는 것을 알 수 있습니다. 서양의학을 살펴보면, 과거에는 감염병과 근골격계 치료 분야의 발전이 눈에 띄었다면 요즘에는 정신적인 스트레스와 그로 인한 신체화 증상들, 그리고 인체를 유지하는 면역계와 내분비질환을 치료하는 쪽으로 무게 중심이 많이 쏠리고 있습니다.

그 외에도 사회적 자기 관리 활동의 변화를 살펴보면, 70년대에 조깅이 크게 유행했다면 이후 피트니스가 더해지고 요가, 요가를 넘어서 명상으로 진화하고 있습니다. 이런 흐름도 마찬가지로, 정신적 스트레스를 좀 더 효율적으로 관리하기 위한 노력의 결과라고 볼 수 있겠습니다. 조깅도 좋은 운동이지만, 정신적인 스트레스를 풀어나가는 데에는 명상을 추가하는 것이 좀 더 효율적이기 때문에 지식 산업이 발달한 지역으로부터 명상의 유행이 강해지고 있습니다.

그럼 만약 정신적 에너지가 고갈이 되어서, 스트레스에 취약해지고, 감정적 불균형과 기복이 심하며, 집중력이 약해지고 사고의 폭이 좁아졌다면, 명상과 한의학 둘 중에 어느 쪽이 좀 더 효과적일까요?

당연히 개인적 의견일 수 밖에는 없겠지만, 그런 상태, 즉 생명 에너지가 부족해진 상태, 많이 지친 상태에서는 한의학적 치료도 충분히 고려해볼 만합니다. 그중에서도 당연히 한약의 효과를 경험해보는 것을 추전합니다.

명상도 아주 좋은 일이지만, 부족한 에너지를 보충하고, 신체와 정신을 활성화시키는 데에는 한약도 도움이 많이 됩니다. 과거에, 약물을 복용해서 초월적인 경지를 이루려고 노력했던 사람들이 있습니다. 이들을 '외단 사상'이라고 합니다. 한약이 거기까지 미친다는 이야기는 아닙니다. 직업 명상가라면 당연히 명상으로 자신을 관리하는 것이 낫지만, 일상에서 지치고 시간적 여유가 없는 사람이 명상만으로 소모된 매일의 에너지를 채우는 것은 극히 어렵습니다.

자신은 명상으로 매일의 피로를 충분히 회복한다고 하는, 직업적 명상가가 아닌 분들을 보면, 실제로는 회복하는 것이 아니라, 육체적 에너지가 약해진 상태에서 명상을 하는 데에 오히려 정신적 에너지를 소모하고 있는 경우를 종종 봅니다.

피곤할 때 어머니의 집밥을 먹으면 기운이 나듯, 맛있는 식사를 하면 기분이 떠오르듯, 그 당시의 몸 안의 세부적 상황에 잘 맞춘 한약을 먹으면 생생함을 찾는 데 크게 도움이 됩니다. 그러니 일상에서 지치고 소모된 자신은 한약으로 빠르게 채워서 당면한 생활을 하는데 도움이 되도록 하고, 명상은 좋은 컨디션과 정신적으로 여유가 생겼을 때, 자신을 돌아보고 객관화하며, 재정비하는데에 사용하는 것이, 시간적, 정신적으로 훨씬 효율적입니다.

사회활동의 결과 누적되는 피로를 풀기 위한 우리의 노력이 조깅에서 피트니스, 요가, 명상으로 다양하게 발전해왔듯이, 명상의 다음 단계는 한의학, 그중에서도 잘 조율된 보약이 도움이 될 것이라고 예측해봅니다.

I

간단하고, 즉각적인
생활 속 명상법

명상적 관점에서는 인간 정신의 문제가 무엇 때문에 생긴다고 생각할까요?

이 분야 또한 워낙 넓은 세계와 오랜 역사가 있기 때문에 표현 양식은 다양한 편입니다만, 핵심은 비슷하다고 볼 수 있습니다. 바로 '깨달음의 부족'입니다. 깨달음이란 또 다시 여러 용어들로 해석 가능하지만 '자신이 처해 있는 상황에 대한 완전한 이해'라고 할 수 있겠습니다.

상황이란 형이상학적 의미로서의 상황도 있을 수 있고, 지금 당장 허리가 아픈 상황 같은 일상의 것일 수도 있겠습니다. 다만 여기서 깨달음으로서의 완전한 이해란 단순히 원인을 아는 수준이 아니라 원인과 결과 사이를 얼마든지 재구성할 수 있는 수준을 말합니다.

이런 깨달음을 방해하는 것은 무엇이 있을까요? 그것은 의식의 수준 낮음과 에너지의 부족입니다. 높은 의식은 높은 에너지가 필요하다는 것을 의미합니다.

인간이란 에너지가 차오르면 기분이 좋아지고 기운이 떨어지면 기분이 저하되는 것과 같이 상황에 대한 완전한 이해를 하기 위해서는 높은 수준의 에너지가 필요하며, 이는 내가 정신적, 육체적으로 잘 활동하고 있다는 것을 의미합니다.

이것을 위한 전제조건은 나의 신경계가 활발하게 움직여야 한다는 것과, 그런 활동을 방해하는 요소들을 적절히 제거해야 한다는 것입니다. 간단히 말하면 "머리가 맑고 뚜렷해져야" 한다는 것입니다. 과거보다 요즘은 스트레스에서 벗어나 머리가 개운해지기가 쉽지 않습니다.

그래서 시대에 따른 스트레스 해소법도 근육을 훈련하는 법에서부터 신경과 정신을 직접적으로 다루는 요가와 명상 쪽으로 이동하고 있습니다. 머리가 개운해지는 것도 잘해내기 위해서는 그에 맞는 방법을 익히는 것이 필요하다는 뜻입니다.

이제 자신의 정체성을 계속해서 흔들며, 정신－육체 복합체를 오염시키고 혼란시키는 여러 가지 외부 자극으로부터 자신만의 감정과 정서를 지켜나갈 수 있고, 매 순간순간 접촉해오는, 나에게는 필요없는 외부 정보들을 정리해서, 자신의 머릿속을 뚜렷하게 유지할 수 있는 간단한 명상법을 소개하려고 합니다.

이 방법은 EMDR(안구운동 민감소실 및 재처리 요법)보다 더 간단하면서도 시간과 장소에 구애받지 않는, 머리가 맑아지고 자신만의 감정과 육체의 리듬을 타인과 외부에게서 간섭받지 않고 지켜나갈 수 있는 방법입니다.

앞 장에서 거듭 설명했듯이, 인간이란 동물은 진화의 과정을 거치면서, 감성과 이성을 발전시켜왔지만, 그것들을 처리하는 새로운 기관을 만드는 데까지는 이르지 못했습니다. 거창하게 감성적 뇌와 이성적 뇌, 뇌의 신체 조절 지도 등을 이야기하지 않더라도, 밥 먹는 입으로 말을 하고, 몸안의 혈액을 정화시킨 결과로 생성된 것이 소변인데, 이것을 긴장이 극에 달했을 때 배출해서 심장의 압박감을 해소하는 방향으로 사용하기도 합니다.

또한 언어적 표현만으로는 부족해서 신체적 접촉을 통해서 감정을 전달하는 등, 무에서 유를 창조해나간다는 의미에서는 인간이란 참 대단한 존재이기도 하지만, 우리보다 좀 더 나은 존재의 입장에서, 진화의 더 나아간 단계에서 뒤를 돌아볼 수 있다면, 역시 한없이 낡은 시스템을 사용하는 구시대의 존재 그 이상은 아닐 것입니다.

이런 내용에 대한 명상적 관점 또한 여러 종교들, 수행 전통들에 따라서 표현 방법이 모두 제각각입니다. 다만 대체로 공통적인 부분들이 있는데, 요약하면, "더 이상, 이렇게 거칠고 조잡한 육체에는 관심을 가지지 말아라" 하는 것입니다.

아마 명상적 노력으로는 더 이상 세세한 작동 원리나 방식을 탐구하는 데에 한계가 뚜렷해서 그렇게 생각했을 수도 있고, 실제로 명상적 접근을 한 사람들 중에는 육체라는 구조가 원칙 없이 중구난방으로 발전해온 것이 요행히 작동하고 있는 것이라고 느낀 사람들도 있었기 때문일 것이라 생각합니다.

그러므로 이런 시스템의 한계는 뚜렷한 편인데, 일단은 자신만의 독립성을 유지하기가 쉽지 않다는 것일 겁니다. 이것은 어떤 뜻이냐면, 우리는 남의 분위기에 쉽게 휩쓸린다는 뜻이며, 자신만의 생각과 느낌을 오래 유지하기가 힘들다는 뜻이 되겠습니다. 안정성이 부족하다고 할 수도 있고, 쉽게 쓰면 "인간은 누구나 변덕쟁이다"라는 것과도 같습니다.

주변에서 명상을 했다는 사람을 보면, '기감'이라는 표현을 쓰는 사람들이 있습니다. 이것은 대화나 신체적 접촉이 없어도 어떤 대상에 대해서 자신만의 감각을 느끼게 되는 것인데, 대체로 육체적인 느낌이 많은 편입니다. 예를 들면 머리가 아픈 사람과 같이 있으면 머리가 아파온다든지, 불안한 사람과 같이 있으면 자기도 모르게 점차 불안해진다든지 하는 것입니다. 누구나 다 느끼는 것도 아니며, 이런 쪽으로 특별히 예민한 사람들이 있습니다. 이런 것을 보통 '공명'한다든지, 다른 사람에게 '동조'된다든지 하는 식으로 설명하는데, 사람은 다른 사람과 자기도 모르는 사이에 신호를 주고받는다는 것을 의미합니다. 명상을 해서 민감해진 사람들 중에서 좀 더 뚜렷하게 느끼는 사람도 있고, 꼭 표면 의식으로 드러나지는 않더라도 대부분의 사람들은 다른 사람들과 신체적 느낌이 공유되는 부분이 있습니다.

우리가 매일 만나는 사람들, 그중에는 우리가 대화를 나눴던 사람들도 있지만, 눈빛으로 스쳐지나가는 사람, 눈으로 보지는 않았지만, 내 뒤에 서 있는 사람, 내 옆을 스쳐지나가는 사람 등등 이런 사람들의 영향을 우리는 매일 받고 있습니다. 사회생활의 이런 다양한 자극들을 셀 수 없이 거치다 보면, 아침에 가족들의 품에서 출발한 우리의 마음과 의식, 주관과 선호도는 시간과 그에 비례하는 자극량을 거치면서 변화하게 됩니다.

즉 사람과 많이 스치면 스칠수록, 다른 사람의 의견이나 사회적인 사건과 사고 들을 많이 접할수록 아침의 우리와 저녁의 우리는 다른 사람이 되게 됩니다(정도의 차이는 개체성의 차이만큼은 있습니다).

명상적으로 보면 인간의 의식 또는 마음은 하나의 단일체가 아니라 여러 정보들이 모여서 이룬 군집과도 같다고 대체로 보고 있습니다. 마치 태양계의 태양처럼 빛나고 힘있는 중심이 있으면 지나가는 혜성들이 그 인력에 사로잡혀서 주변을 도는 행성이 하나둘씩 되어가는 형상이라고 볼 수 있습니다. 이것은 '무질서의 질서화'라고 볼 수도 있습니다. 그리고 한 번씩 다른 혜성들이 유입되게 될 때마다 혼란이 일어나게 되겠습니다. 그렇지만 결국에는 새로 들어온 별이 다른 행성과 충돌하든지, 다른 행성의 궤도를 밀어내는지 하는 식으로 어떻게든 나름대로의 질서를 회복해나가게 됩니다.

이것은 정보의 유입량과 밀접한 관련이 있는데, 우리의 신경계는 정보를 전달하고 저장하는 역할을 하기 때문에, 얼마나 많은 정보－데이터를 접하느냐에 따라 신경계의 화학적 조성 비율과 다른 신경세포들과의 친화도에서 변화가 일어나게 됩니다. 머릿속에서 일어나는 생각이나 감정 등은 하나의 세포에서 일어나는 것이 아니라 여러 세포들이 참여해서 다양한 패턴과 네트워크를 만들어가면서 표현해내는 것이라서 어쨌든 외부 자극의 결과, 신경계의 활동에서는 물질적인 변화가 일어나면서 활성화된 네트워크의 형태가 변하게 됩니다.

그런데 이런 변화가 누적되는 곳들이 신경계인데, 이 신경계는 감정적, 이성적, 육체적 분리가 이루어지지 않고 있다고 말씀드렸습니다. 현대의 IT 기술에 있어서도 여러 가지 기능들을 각각 담당하고 있는 CPU들을 한 개의 칩으로 통합하는 것은 어려운 일입니다.

이렇듯 신경계와, 신경계를 이루는 세포들을 감정적, 이성적, 육체적 기능들이 함께 사용하는 구조이기 때문에, 감정적인 변화가 누적되든, 이성적인 생각의 변화가 있거나, 육체적으로 큰 고통이나 운동을 통한 큰 폭의 활성화가 있게 되면, 어쨌든 해당 신경 부위를 사용하는 다른 기능들도 변화를 갖게 됩니다.

욕을 먹으면 입맛이 떨어진다든지, 격려를 받으면 근육에 힘이 오른다든지, 나에게 부정적인 평가를 하는 사람들을 연속해서 만나게 되면 지능이 떨어지게 된다든지 하는 일입니다. 그러므로 일관된 감정과 안정적인 이성의 활동이야 말로 건전한 육체를 위해서 꼭 필요한 일이며, 이성과 인지기능의 안정적이고도 광범위한 확장을 위해서도 육체적, 정서적 건전한 자극과 성장은 반드시 중요한 일이 되게 됩니다.

그런데 육체적 건전성은 나름대로 확보하기가 쉬운데 반해서 정서적, 이성적 안정감은 그러기가 쉽지 않습니다. 일단 우리 자체가 군집생활을 하는 동물이기 때문에 다른 사람과 항상 상호작용을 주고 받으려는 습성이 있습니다.

그러므로 끊임없이 주변에서 정보를 모으고, 다른 개체들과 소통을 하려고 하는데, 이런 과정들을 거쳐 수집된 정보나 자극 들이 정리, 정돈되지 못하고 쌓이게 되면, 우리 신경계의 배열을 무작위로 변형시키는 압력으로 작용하게 됩니다. 명상적으로는 의식이 혼탁해지게 된다고 표현할 수 있습니다. 이런 정보−데이터의 과다 수용으로 빚어진 혼란을 해결하고 자기 자신이라는 중심을 위주로 정리정돈을 해나가려는 의도를 가진 것이 요즘 유행하는 명상인 것입니다.

이론적으로는, 쏟아지는 모든 정보들을 수용하고, 자기 자신이 갖고 있는 '자아'라는 고유하면서도 일정한 한계가 지어져 있는 유형과 패턴에 일치하지 않고 어긋나는 것이라고 하더라도, 모든 자극−정보를 무작위로 수용하고, 정보의 바다를 여행하면서 몸 속 가득히 들이키기만 하면, 결국에는 보다 더 광범위하고 자유로운 자아를 가질 수도 있겠습니다. 즉 자아를 성장시켜나갈 수 있겠지만, 대부분의 사람들은 자기가 믿고 있거나 익숙한 것들이 부정당하거나, 자신과 상충하는 생각이나 감정을 접하게 되면 굉장히 괴로워하게 됩니다. 집의 구조를 변경하거나 확장할 때 진동, 소음, 먼지가 발생하듯이 정신적 변형에는 고통이 따릅니다.

그러므로 이런 무작위의 다양한 정보들을 자기 자신을 중심으로 선택적으로 수용하는 과정이 중요하며, 그 과정에는 기준점이 있어야 합니다. 그런 기준선에 대한 연구는 명상의 역사만큼이나 길지만, 의외로 쉽고 만만한 것이 없습니다. 대부분 그 기준을 세우기 위한 절제와 훈련이 요구되며, 그런 훈련을 하기 위한 장소와 분위기 조성이 또한 필요합니다.

그런 것들 중에 대표적인 것이 수식관(數息觀)입니다. 단전호흡을 한다라고 했을 때 대부분 이것을 하고 있는 것인데, 복잡하고 산란한 마음을 가라앉히기 위해, 단순화하기 위해서, 들이쉬는 숨과 내쉬는 숨을 관찰하는 것입니다. 가장 기본적이고 그나마 쉬운 방법이기 때문에 거의 모든 명상책에서는 이런 호흡관찰법이 처음 시작하는 단계에서 중요시되고 있습니다.

그러나, 이런 방법은 역시 이를 위한 시간을 내야 하고, 장소도 있어야 하며, 더욱 더 중요한 것은, 산란한 마음을 가라앉혀서 오늘 만났고 또 어제 스쳐가고 접했던 사람들과 장소, 생각, 물건 들의 누적된 영향을 제외한, 진짜 내가 원하는 것, 내가 옳다고 생각하는 것을 분류해내려면 상당히 어렵습니다. 더구나 우리가 하려고 하는 것은 그것을 분류해내려고 하는 것이 아니라, 그것이 의미하는 '나'라는 존재를 강화시키려고 하는 것이기 때문에 더욱 어렵습니다.

수식관을 통해서 "잡생각과 외부 자극에서 나를 분리 → 오염되지 않은 나를 강화" 이것을 한다는 것은 많은 시간이 필요한 일이며, 또한 한 번 한다고 유지되는 것이 아니라 끊임없이 반복되어야만 하는 작업인 것입니다.

여기서 하나 밝히고 지나가야 할 것은, 명상을 시작하려는 사람들에게, 명상 지도자나 기존 명상을 하고 있는 사람들이 알려주지 않는 것이 있습니다.

명상 선생님들이 가르쳐주지 않는 것은 바로, "쉬면 안 된다"라는 것입니다. 한 번 명상의 시간을 가졌다고 노력의 결과치가 적금처럼 불어나거나, 지난번 명상시간에 한 번 가능했다고 이번에도 마음만 즉시 먹으면 "자, 이제 마음과 머릿속을 정리하자~" 이렇게만 하면 마음과 머릿속이 개운해지고 뚜렷해지는 그런 일은 일어나지 않습니다.

너무 당연한 것이라서 가르쳐주지 않았을까요? 아니면 아직까지도 명상에는 신비주의적, 초능력 같은 오해가 남아 있어서 그럴수도 있겠습니다. 한번 절대자의 능력을 얻으면 언제든 마음먹은 대로 사용할 수 있는 수퍼히어로 같은 이미지를 상상할 수도 있겠습니다만, 명상은 그와는 거리가 멉니다. 오히려 운동과 유사한 면이 많습니다.

매일매일 정리정돈을 하고 마음을 다루는 방법을 훈련하더라도, 내일 만나는 사람, 내일 접하는 소식과 장소 들의 영향은 어제와 오늘과는 다른 부위에 쌓이게 되고, 그 부위는 어제와 오늘의 마음가짐과 기술로는 청소가 되지 않는 영역인 경우가 대부분입니다. 즉 매일매일이 새로운 훈련의 시작입니다.

그러므로 명상을 기존의 방식대로 열심히 하려면

1. 집중할 수 있는 환경
2. 방해를 받지 않을 수 있는 시간
3. 생업에 쫓기지 않는 마음의 여유가 있어야 합니다.

이런 제약들을 무리 없이 소화할 수 있는 사람들은 그렇게 많지 않습니다. 그래서 명상 수련이 부유층의 새로운 과시욕이라고 하는 이야기가 나오는 것입니다. 그런 이야기가 나오는 것은 또 그만큼 매일매일 노력한다고 해도 괄목상대할 만큼이나 일취월장할 만큼의 성과가 나오기 어렵다는 뜻도 됩니다. 한 번 명상을 연습할 때마다 자신도 상상하지 못했던 성과가 불쑥불쑥 튀어나온다면, 다소간의 제약과 부담 정도는 감당할 사람들이 많이 있을 테니까요.

그러나 바쁘게 살아가는 사람들은 '뚜렷하고 확고한 주관과 자신만의 육체적 밸런스'를 유지하기 위해서 그런 부담스런 조건을 감당하기가 힘듭니다. 그래서 짧은 시간에 가능하고, 장소 제약을 덜 받는 명상법이 없을까 하는 생각을 하게 되는 것은 당연합니다만, 당연히 쉽지가 않습니다.

급하게 마음을 가라앉히려면 오히려 정신이 몽롱해지거나 답답함이 생기고, 정신을 강화하려고 하면 오히려 머리가 더 복잡해지는 현상들이 대표적인 건데요, 이것들은 각각 명상에서 부르는 이름들이 따로 있을 정도로 보편적인 현상들입니다.

결국 명상이란 어지럽게 실행되고 있는 여러 프로그램의 창을 닫고, 필요하지 않은 자료와 프로그램을 삭제해서 최적화된 PC와 윈도우 상태를 만들어가는 일인데, 너무 빨리 하려고 하다 보면 오히려 필요한 프로그램과 자료를 제거하게 되어서 쓸모없는 PC가 되기도 하고, 천천히 하다보면 열려 있는 창들에 정신을 팔려서 오히려 시간 낭비를 하게 되기도 하는 것과 비슷하다고 보겠습니다.

더구나 이런 명상계에는 자신만의 깨달음이라며 특별한 방법들을 선전하는 사람들도 많습니다. 간단하게 자신이 알려주는 순서대로 실행만 하면 자동으로 모든 것이 된다고 하는, 일종의 간단한 해킹프로그램 같은 것을 지도하는 사람들도 많습니다. 그런데 대체로 이런 훈련 비법들은 그 자체가 바이러스로 작용하는 경우가 많아서, 몸도 나빠지고 의식도 잘못되는 경우가 많습니다.

그러므로 일반인에게 필요한 명상은, 아침에 집에서 나올 때의 상태, 즉 나에게 익숙하고, 우호적인 사람들 사이에서 푹 쉬었고, 수면을 통해서 전날의 자극과 정보 들이 정리정돈되었을 때의 상태를 완전히 벗어나지 않게 하는, 어느 정도의 중간 정리와 자기 점검을 하게 해주는 명상 정도가 가장 적당하다고 생각됩니다.

그러면서도 많은 시간이 필요하지 않고, 장소도 가리지 않으며, 매일매일 정신의 피로를 풀어주는 스트레칭 정도의 효과가 있는, 그런 정도가 가장 좋습니다.

지금부터 소개하려고 하는 것이 그런 방법인데, 처음 들을 때에는 실망스러울 수도 있습니다. 아무 효과가 없는 것 같고, 별 것 아닌 것 같은, 그런 느낌이 들 수도 있습니다만, 하루이틀, 늦어도 일주일만 해보게 된다면 자신의 내면에서 무엇인가가 변화하는 느낌을 받을수 있습니다.

익숙해지면 도구가 없이 충분히 가능하고, 여러 응용이 있을 수 있지만, 처음 시도하는 사람에게는 도구가 필요합니다. 거창한 것이 아니라 자기 얼굴을 볼 수 있는 거울이 있으면 됩니다. 아주 조그만 것도 상관없지만, 처음에는 조금 큰, 손바닥만하거나 그것보다 조금 큰 거울이 도움이 됩니다.

그리고 이 거울로 어떻게 하는 것이냐면, 단순합니다. 그냥 자기의 눈을 바라보면 됩니다. 간단히 적자면, 이게 끝입니다. 하루에 적어도 3번 이상, 자주 보면 좋지만, 긴 시간을 바라볼 필요도 없습니다. 그냥 자기의 눈동자를 바라보면 됩니다. 이게 전부이긴 한데, 익숙해지면 필요없게 되지만, 처음 하는 분들에게는 조금 더 설명과 테크닉이 필요하긴 합니다.

가. 눈은 뇌의 일부분

의외로 눈이 뇌의 일부분이라는 사실을 모르는 분이 많습니다.

정자와 난자가 만나서 이루어진 수정란이 신생아로 성장해가는 과정을 연구하는 학문을 '발생학'이라고 합니다. 요즘엔 유튜브 강의도 많으니 들어보시면 재미있는 부분도 많습니다. 복잡하게 설명하자면 끝이 없기 때문에 간단하게 설명드리면, 눈은 뇌가 만들어지는 과정 중간에, 뇌의 일부분이 앞으로 쭈욱 밀려나오면서, 부풀면서 만들어지는 것이 눈－안구입니다.

그래서 인체의 감각기관 중에 가장 복잡한 것이 눈이며, 실제로 우리가 보는 각막이나 망막도 복잡하지만, 거기에 더해서 안구와 뇌를 이어주는 시신경이 훨씬 더 복잡합니다. '이어준다'는 표현을 썼지만, 실제는 이어주는 것이 아니라, 시신경이 뇌의 일부분이었기 때문에 당연한 것이라고 볼 수 있습니다.

그러므로 다른 사람의 눈을 바라본다는 것은, 외부로 돌출된 그 사람의 뇌를 보는 것이라고 할 수 있습니다. 그리고 통계적인 분류 결과가 모아져 있는 것은 아니지만, 우리는 다른 사람의 눈을 보고 그 사람의 성향, 지금의 속마음을 어느 정도 알아내고, 마찬가지로 상대편도 우리의 눈을 보고 우리를 읽어냅니다. 그런 것들이 목소리를 통한 언어 교환의 부족한 정보량을 보충해주는 것입니다.

여기서 중요한 한 가지 사실을 알 수 있는데, 사람 각각의 눈동자는 거진 비슷하지만, 세대별 차이는 확연하게 난다는 것입니다. 상대적으로 차이가 많이 나는 그룹인, 어린아이들과 중년 이후의 분들의 눈동자를 비교해보면, 노화에 따른 변화를 뚜렷하게 느낄 수 있습니다.

아이들의 눈은 맑고, 투명하고, 반짝거리며, 끊임없이 눈동자가 움직이고 변화하지만, 중년 이후의 분들, 특히 두뇌 피로가 많은 분들은 투명하지도 않고, 상대방과의 대화 내용에 따른 변화도 드문 편입니다.

그렇기 때문에, 같은 연령대라도 눈동자가 맑고 투명한 사람일수록 두뇌의 상태가 좋은 편이라는 것을 추정할 수 있습니다. 연령대로 비교하지 않고, 한 사람의 상태에 따른 변화를 보더라도, 기분이 좋지 않거나, 체력이 떨어지거나, 머리가 맑지 않았을 때의 스스로의 눈동자를 보면 어둡고 탁하며, 눈빛의 변화가 적습니다.

반대로 기분이 좋거나, 의욕이 넘치거나 할 때의 거울 속 자신의 눈동자를 보면 맑고, 투명하고, 힘이 넘치는 것 같고, 눈빛이 반짝거린다고 할까요? 이런 차이가 나는 이유는 눈을 구성하는 세포들이 활성화되어 있는지, 아니면 침체되고 지쳐 있는지의 차이에 의해서 생기는 것이고, 눈은 뇌의 일부분이기 때문에 눈이 지쳐 있다면 뇌도 지쳐 있을 확률이 아주 높습니다. 물론 일시적으로 강한 빛을 쬐거나 PC든 모바일이든 화면을 많이 보면 눈이 피곤할 수는 있습니다. 그렇지만 그런 경우에도 장시간 그렇게 된다면 눈의 피로는 반드시 두뇌의 피로로 연결되니, 눈은 뇌의 상태를 반영한다고 해도 괜찮겠습니다.

여기서 아주 유용한 부분이 있는데, 우리는 우리의 신체 상태를 판단할 때는 감각적인 부분을 많이 활용합니다. 몸이 무겁다든지, 차갑다든지, 아프다든지 하는 감각을 통해서 건강 상태를 평가하는데, 오직 두뇌만이 그런 평가 기준이 부족합니다. 스스로 머리가 맑은지, 머리에 피로가 많이 쌓였는지, 내가 지금 누군가에게 홀려 있는 상태인지, 그런 판단을 하기가 어려운 것이, 자신의 두뇌 상태를 판단하는 것은 감각적 기준이 뚜렷하지 않기 때문에 많은 훈련을 거친 사람만이 어느 정도 가능한 것입니다.

임상에서 보면, 노화에 따른 치매를 염려하면서도 자신이 지금 머릿속이 멍한지 뚜렷한지도 잘 구분하지 못하는 분들을 종종 봅니다. 대체로 어린아이들일 때는 강제된 학습의 과정을 통해서, 자신이 지금 암기와 이해, 응용이 잘 되는지 등이 두뇌 상태를 스스로 점검하는 기준이 되지만, 나이가 들게 되면, 자신이 살아온 고정된 스타일로 인해, 아주 색다른 환경을 접하고 학습하는 기회도 옅어지게 되고 (스스로 선택한 부분도 있지만) 익숙한 정보만 처리하게 되기 때문에 자신의 지적 능력의 한계선이 축소되고 있는지에 대한 객관적 평가 정보를 얻기 어려운 면이 많습니다.

그런 경우에 자신의 눈을 바라볼 수 있다는 것이 훌륭한 기준이 될 수 있습니다. 아침마다, 또는 어떤 미팅이나 일을 앞두고 있을 때, 중요한 결정을 내려야 할 때, 거울을 통해 자신의 눈을 바라본다면, 자기 두뇌의 현재 상태를 알 수 있게 됩니다. 거울 속을 통해 본 우리의 눈이 어린아이와 닮아 보일수록, 우리는 싱싱하고 건강한 상태이며, 나이가 들었어도 총명하고 신체적으로 건강할 확률이 높습니다.

두뇌란 이성이나 감정만을 상징하는 것이 아니라, 실제로는 우리 몸의 효율적인 운용에 더 많은 역량을 투입하고 있기 때문에, 두뇌가 총명하면 할수록, 두뇌의 총명함의 지표인 호기심, 새로운 것에 대한 수용 능력, 사고의 융통성이 높으면 높을수록 두뇌의 노화가 천천히 오고 있다는 징표가 됩니다.

그렇기 때문에, 만약 자신의 두뇌 컨디션을 알고 싶다면 자신의 눈을 보면 됩니다. 눈동자가 어린아이처럼 맑고 투명하고 반짝거리면 합격입니다. 이런 눈을 가진 우리는 우리가 가진 능력을 충분히 발휘하고, 시간을 밀도 있게 살아가고 있습니다.

그런데 우리의 생각과 거울 속의 눈동자가 다른 경우도 있습니다. 나는 머리가 맑고 충분히 좋다고 생각하는데, 거울 속에 비친 나의 눈동자는 흐리고 탁하며 눈동자 속에서 어떤 움직임도 보이지 않는 늪 같은 모습일 때가 있습니다. 이런 경우에는 어떻게 해야 할까요.

정답은 거울 속에 비친 눈동자의 상태가 가장 객관적입니다. 그 기준을 따라가야 합니다. 이렇게 엇갈리는 경우는 두 가지가 있는데, 하나는 본인의 두뇌 컨디션이 좋지 않은 상태가 오래되어서, 그런 상태에 이미 익숙해져 있는데, 좋지 않은 레벨에서도 어느 정도의 호전과 악화는 있으므로 머리가 조금 맑아진 것을 큰 폭의 변화라고 착각하는 경우입니다. 즉 몸이 크게 아픈 사람이 오늘 아침 조금 통증이 덜하다고 "병이 나아서 건강해졌다"고 생각하는 경우와 비슷합니다.

두 번째는 뇌의 컨디션이 좋다고 하더라도, 지금 하고 있는 생각이나 마음에 품고 있는 의도가 좋지 않고 옳지 않은 것이거나, 화가 나 있거나 부정적인 감정에 사로잡혀 있을 때가 있습니다. 두 가지 경우는 익숙해지면 분간할 수 있을 정도로 차이가 있지만, 자신의 눈을 유심히 본 지가 오래된 사람이라면 모를 수도 있습니다. '유심히'란 마음을 담아서, 어떤 의도를 가지고 한다는 뜻입니다. 이렇게 눈의 상태에 대해서 강조하는 이유는, 우리가 하려는 것이 거울을 통해서 자신의 눈을 보는 명상이기 때문입니다.

나. 자신의 눈을 보는 명상 첫 번째

명상을 지도하거나, 배우려고 시도하거나 하는 분들이 제일 처음으로 선택하는 명상법으로는 요즘엔 비우기가 대세인 것 같습니다. 마음 비우기, 자신의 마음을 있는 그대로 관찰하기, 자연스러운 호흡과 호흡의 사이를 활용하기 등 여러 응용이 있습니다.

그런데, 명상을 시작하기 전에 꼭 해야 하는 필수적인 것이 있습니다. 명상법을 어떤 것을 선택하느냐보다 훨씬 더 중요한, 너무너무 중요해서 매번의 명상시간을 갖기 전에, 매번 꼭 해야하는 것, 그러나 잊기 쉽고, 너무나 당연해서 지도자나 수련생이나 모두 넘어가기 쉬운 것, 중요한 것이 있습니다.

그것은, "왜 명상을 하는지", "이 명상을 통해서 내가 어떤 사람이 되려고 하는지!" 하는 그 의도와 목적을 다짐하는 것입니다. 마음을 가라앉히려면 달리기도 있고, 등산도 있고, 낚시도 있으며, 독서와 수면도 있습니다. 친한 친구와의 즐거운 대화도 있고, 여행도 있습니다. 그런데 왜 지금 명상을 하려고 하는지, 그 많은 선택지 중에서 유독 이 '명상'을 선택해서 내가 시간과 에너지를 투입하려고 하는지 그것을 항상 생각해야 하고, 명상의 결과에 대한 의도와 목적, 목표가 있어야 합니다. 만약 그것이 없다면 효과도 약할 뿐더러, 명상시간과 방법에 익숙해지면 어느새 마약처럼 삶을 좀먹는 시간을 되풀이할 뿐입니다.

명상을 시작하기 전에, 매번 왜 이 명상을 하려고 하며, 이를 통해 내가 무엇을 얻으려는 것인지를 생각하는 것은, 마치 그림을 그리기 전에 어느 표면에 그릴 것인지를 선택하는 것과 같습니다. 종이인지, 유리인지, 대리석인지, 또 캔버스인지, 벽화인지, 이런 것을 선택하지 않고 그림을 그릴 수 없듯이, 처음 시작할 때의 마음가짐이란 항상 흐려지기 쉽고, 의도와 목적이란 희미해지기 쉽기 때문에, 항상 반복해서 마음을 먹어야 합니다.

다. 우리의 '자신의 눈을 보는 명상' 첫 번째는,

거울을 통해서 자신의 눈동자를 보는 것입니다. 나의 눈을 바라보면서 신비한 무엇인가를 얻기를 바란다? 그런 것은 아닙니다. 그냥 보는 것입니다. 나의 눈동자를.

다만 이 명상을 하기 전에 되새겨야 할 목적과 의도가 있습니다.

이 명상을 하는 목적은 나의 눈동자를 어린아이처럼 투명하고 반짝거리며, 가볍고 호기심 넘치는, 재미가 느껴지는 눈동자를 만들기 위함입니다. 거울 속의 우리의 눈동자는 어린아이와 같아야 합니다. 어린아이와 닮을수록 우리의 두뇌는 싱싱하고 활발하며 긍정적이며, 그런 상태가 지속되면 우리의 신체도 지금보다 훨씬 더 활발하고 효율적, 체계적으로 작동하게 됩니다.

그러니 눈이 맑고 반짝이며 열정이 있으면 두뇌가 활발하고, 두뇌가 꾸준하게 활발한 활동을 하면 면역력이 높아지고 스트레스로 인한 신체 손상이 빠르게 복구됩니다.

그럼 눈을 보면서 특별한 어떤 테크닉을 수행해야 할까요? 그렇지 않습니다. 그냥 스스로의 의도, 스스로의 목적, 스스로의 다짐을 갖고 자신의 눈동자를 바라보면 됩니다. 긴 시간이 필요하지 않습니다. 순간순간 자주 확인하고, 5초 이내의 시간을 내어도 충분합니다.

"내 눈은 반짝이고 가볍고 투명하고, 어린아이와 같아야 한다." 이것이면 충분합니다. "내 눈은 반짝이고 가볍고 투명하고, 어린아이와 같았으면 좋겠다." 이것도 좋습니다. "눈이 반짝이고 투명해야지!" 이것도 좋습니다. 중요한 것은 시간도 아니고, 테크닉도 아닙니다. 다만 의도와 바람을 담아서 나의 눈동자를 마주 보는 것, 그것이면 충분합니다.

우리는 우리의 눈을 보는 것이기도 하지만 우리의 뇌를 마주하고 있는 것이기도 합니다. 별것 아닌 것 같지만 큰 변화가 쉽게 옵니다. 시각적 차이에 민감한 사람은 반나절 만에도 자신의 눈동자가 더 맑아지고 힘이 있어진다는 것을 느낄 수 있습니다. 그냥 바라보기만 하면 됩니다. 내 눈이 어린아이 같았으면 하고 바람을 담아서 바라보기만 하면, 거울 속의 나와 눈을 마주치기만 하면 됩니다. 그러면 어느새 변화가 일어나기 시작합니다.

이것이 가능한 이유는 여러 가지가 있습니다만, 간단하게 설명하자면 나의 의지와 바람을 나의 뇌에 직접적으로 전달하는 것입니다. 우리는 눈을 통해서 의외로 상대방과 많은 정보를 주고받습니다. 상대방의 감정, 상대방의 의도, 상대방의 의지 같은 것들을 의식적, 무의식적으로 주고받습니다. 상대방이 열정을 담아서 나의 눈을 강하게 응시할 때, 우리가 마음이 변하고 설득되는 경우가 그런 결과입니다. 우리는 그래서 다른 사람의 시선에는 자신도 모르게 어느 정도의 방어심과 경계벽이 일어나게 됩니다. 나의 뇌를 다른 사람이 쉽게 조종하지 못하도록 마음에, 눈에 방어벽이 있습니다.

그러나 우리는 우리 자신에게는 심리적 방어를 하지 않습니다. 눈을 통해서 복잡한 이론이나 구조, 설계도를 납득시킬 수는 없지만, 활성화시키겠다는 의도는 가능합니다. 이것은 나쁜 의도가 아닙니다. 그냥 나의 뇌가 젊어지기를 바라는 것, 쓸모없는 에너지를 낭비하지 않는 것, 나의 머릿속에 있는, 종료되지 않은 채 백그라운드에서 실행되고 있는 여러 잡념들과, 여러 사람들과의 의식 교류 결과 생긴 잡념과 정보 들을, 뇌가 젊어져야 하고 에너지를 효율적으로 써야 한다는 명제를 다시 인식시킴으로 인해서 스스로 자정작용을 하게 만드는 것, 이것이 '자신의 눈을 바라보는 명상' 첫 번째입니다.

라. 자신의 눈을 보는 명상 두 번째

첫 번째 명상은 자신의 눈을 유심히 바라보게 하기 위함이고, 눈에 힘을 키우기 위한 것입니다. 그리고 바로 이 두 번째 명상을 위한 스트레칭에 해당한다고 볼 수 있습니다.

첫 번째 명상을 5초 이내로 하루에 평균적으로 10여 회 반복했다면, 수일 내에 자신과 눈으로 소통이 가능하며 내면의 자신과 연결되어진다는 느낌을 받을 수 있습니다. 뚜렷한 느낌일 필요는 없습니다. 그냥 막연하게라도 나라는 자신이, 이 육체적 느낌의 나와 별개의 것이 아니라는 것, 우리는 연결되어 있다는, 관련되어 있다는, '내가 마음 먹는 것'과 '마음먹어지는 나'가 서로 동떨어진 것이 아니라는, 일체감이라고 하기에는 묘한 어떤 관련성을 느낄 수 있습니다.

여기까지 왔다면, 두 번째 명상법을 할 수 있는 준비가 되었다고 볼 수 있습니다. 이것은 첫 번째보다는 약간 까다롭지만, 그렇다고 반나절 안에 익히기 어려운 것도 아닙니다. 오히려 첫 번째보다 소요되는 시간은 더 적습니다. 짧게 자주 한다면 1초 만으로도 충분합니다.

이제 눈이 충분히 스트레칭되었고, 자신의 눈을 의도를 가지고 유심히 관찰하는 훈련이 되었다면, 바로 시도해보면 됩니다. 방법은, 거울 속의 자신과 눈을 마주치는 것입니다.

그냥 눈을 마주본다고 생각하면 됩니다. 다만 그냥 마주보는 것이 아니라 서로 마주보는 거울 속의 눈끼리 마주치게 됩니다. 왼쪽 눈은 거울 속 사람의 오른쪽 눈과, 오른쪽 눈은 거울 속의 왼쪽 눈과 마주보게 됩니다. 그냥 양쪽 눈을 동시에 본다고 생각해도 좋습니다. 왼쪽 눈은 자신의 왼쪽 눈을 오른쪽 눈은 자신의 오른쪽 눈을 보는 것인데, 동시에 합니다. 한쪽 눈으로 한쪽 눈을 마주치고, 다음에 다른 쪽 눈으로 하는 것이 아니라 왼쪽 눈은 왼쪽 눈, 오른쪽 눈은 오른쪽 눈을 1:1로 동시에 보게 됩니다. 1회차 시도에는 대체로 잘 안되겠지만, 2~3회만 시도하면 0.01초라도 가능했다는 느낌 정도는 들 수 있습니다. 이것이 전부입니다.

간단하지만 생각 외로 강력한 작용을 합니다. 그러니 지속시간을 늘리려는 시도는 바람직하지 않습니다. 그냥 머리가 지끈거리고 가벼운 두통이 있을 때, 뒷목과 어깨가 찌뿌둥할 때, 뭔가에 감정적으로 끌려가는 것 같은데 개운하지 않을 때, 이성적으로 혼란스럽거나 붕 떠 있는 것 같을 때 0.1초라도 하면 됩니다. 오히려 짧게 하려는 의도를 가지면 가질수록 좋습니다.

물론 이 명상을 하려고 할 때 마음을 어떻게 의도하느냐도 중요합니다.

이 명상은 우리의 의식을 독립적이고 주체적으로 만들기 위해서 합니다. 우리의 좌뇌와 우뇌를 동시에 스스로의 우뇌와 좌뇌로 정렬하는 것으로서, 무작위적이고 대량의 정보에 의해 혼동된

그림 5   자신의 눈을 보는 명상: 두 번째

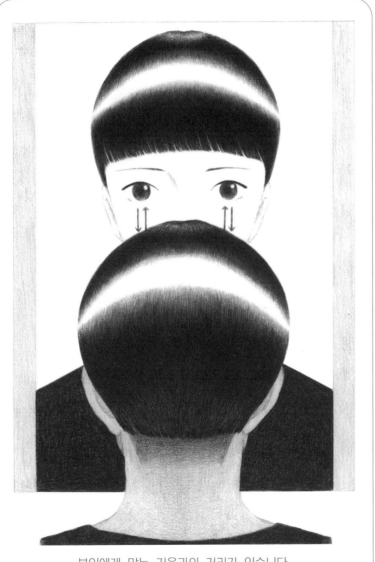

본인에게 맞는 거울과의 거리가 있습니다.
거울을 앞뒤로 움직이면서 맞는 거리를 찾아봅니다.

우리의 이성과 감정, 좌뇌와 우뇌를 정리하고 다시 재정렬하는 것으로서 짧은 시간이더라도 한 번이라도 성공하게 되면 머리에서 혼란스러운 느낌이 빠져나가는 듯, 뒷목과 어깨가 스트레칭되는 것 같은 느낌을 받을 수 있습니다. 처음에는 느낌 정도의 가벼운 효과이지만, 수시로 짧게 반복하면, 두뇌의 피로가 회복이 됩니다. 정확하게 마주칠 필요도 없습니다. 테크닉보다는 명상법을 할 때의 마음가짐, 의도가 더 중요합니다.

"한 번 거울을 슬쩍 꺼낼 때마다 명상이 된다"라는 마음, PC를 클리닝하듯이 나의 뇌를 클리닝하겠다는 마음, 뇌를 정렬한다는 마음을 잊지 않는 것이 좋습니다. "잊지 않는다"는 말은 심하게 다짐하지 않아도 된다는 뜻입니다. 그냥 카페에서 커피를 주문하는 정도의 의도, 마시고 싶은 커피를 선택하는 정도의 마음이면 충분합니다. 오히려 더 강하게 주문하기 위해서 온몸에 힘을 주고, 심호흡을 하면서 커피 주문을 한다면, 주변 사람들이 이상하게 볼 뿐입니다. 자연스럽게, 딱 그 정도의 필요성만 있으면 됩니다.

이제 익숙해지게 되고, 자신감이 어느 정도 붙게 되면, 거울이 없어도 가능합니다. 간단합니다. 그냥 자신의 왼쪽 시야로 자신의 왼쪽 눈을 보고, 오른쪽 시력으로 오른쪽 눈을 보면 됩니다. 물론 동시에. 처음에는 무슨 느낌인지 감을 잡을 수는 없겠지만, 첫 번째와 두 번째 명상을 한 달 정도만 틈날 때마다 한다면 거울 없이 하는 것에 대한 자신만의 감을 잡을 수 있습니다.

여기서 짚고 넘어가야 할 부분들이 좀 있습니다. 명상을 한다든지, 요가를 깊이 있게 해보겠다는 분들에게, 그런 시간 투자를 하는 이유를 물어보았을 때, 만약 그분들이 초월적인 의식을 느끼고 싶다든지, 의식의 실체를 알고 싶다든지 등의 대답을 하는 분들이 있다면, 그분들에게는 이 명상법은 맞지 않는 듯 합니다. 또한 맞기도 합니다. 왜 이중적인 대답이냐면, 처음 하는 분들에게는 이 방법으로 초월적인 것을 추구하기는 어렵고, 다른 여러 노력들을 통해서 의식의 실체를 체험하는 훈련을 깊이 있게 한 분들은 이 방법을 통해서도 자신만의 길을 찾아갈 수도 있습니다.

호흡명상이나 다른 명상법들을 하는 분들 중에 부작용을 호소하는 분들이 있습니다. 머리가 아프다든지, 불면증이 걸린다든지, 열이 상체로 오른다든지 하는 것들이 대표적인데, 옛날부터, 명상이 시작된 아주 오래전부터 너무 흔했기 때문에 붙여진 이름이 있을 정도입니다. '상기증'이라고 보통 합니다만, 우리의 이 명상법에도 약간의 가능성은 있습니다.

이 명상을 시도했다가, 만약 눈이 아프다든지, 이마가 눌리는 것 같거나, 뜨거워지는 것 같거나, 머리가 욱신거린다면, 그건 너무 열심히 해서, 너무 힘을 주거나 잘 안된다고 오래 지속하는 등 욕심을 부려서 그런 것입니다. 다만 일반적인 호흡명상보다는 불편한 증상이 나타날 확률이 훨씬 적습니다.

우리의 명상법은 오래 하는 것이 아닙니다. 한번 쓱 쳐다보고 안되면 다음에 합니다. 안된다고 노려보고 시간을 투자하는 것이 아닙니다. 가볍게 보고 몇 번 시도해서 안되면 그만이고, 한 번이라도 눈이 서로 마주치게 되면 0.1초라도 충분합니다.

첫 번째 명상법을 통해서 뇌를 활성화시키고, 두 번째 명상을 통해서 의식을 정화시키고 두뇌를 정렬한다면 매일매일 쌓여서 우리의 뇌에 과부하를 주는 잔여 정보들을 정리할 수 있게 됩니다. 즉 만남이나 접촉이 끝나고 난 다음에도 미세하게 남아 있는 의식들을 종료하게 해서 머리를 정돈되게 해주며, 이는 우리 뇌의 자생력을 회복시켜줍니다.

우울증이나 공황장애, 불면증, 심한 편두통 등은 거의 일상에서의 에너지 소모가 한계에 달했을 때 발생하는 것으로, 이미 병이 심해져서 스스로의 정신력이 무너진 정도가 되었을 때에는 이런 방법으로 다시 되살리는 것은 인내심이 필요한 일이 되겠습니다만, 매일매일의 피로를 풀어주어서 신경정신과적 질병을 예방하고, 보다 더 맑은 정신과 효율적이고 통제된 신체리듬을 만들어가는 것은 이 두 가지 명상법으로도 충분합니다.

물론 인간은 '정, 기, 신'으로 되어 있는 복합체이기 때문에 명상만으로 건강해지는 것은 한계가 있습니다. 육체가 요구하는 충분한 음식과 운동, 그리고 긍정적인 감정적 자극과 정서의 교환과 충족, 자신의 장기적인 삶의 방향에 올바른 선택을 내릴 수 있을 정도의 필수적인 지식과 지적 욕구가 필수적입니다. "자신의 눈을 바라보는 명상"은 '정, 기, 신' 간의 부조화를 정렬하고 서로 간의 소통과 에너지 교환을 활발하게 해주는 역할을 할 뿐입니다.

이렇게 '정, 기, 신'의 조화에 힘쓰고 매일매일의 일상생활에서 편향적으로 소비되는 우리의 의식 – 육체의 에너지 생산과 소비 패턴을 재조정해나가면, 과도한 에너지 소모로 인한 면역력 저하도 서서히 회복할 수 있고, 그보다는 미세하지만 장기적으로는 인생에 큰 영향을 미치는 편향되거나 성급한 결정을 내리는 일이 줄어들거나, 좀 더 향상되고 일관된 인지기능을 통해서 자신이 원하는 방향으로 좀 더 나은 인생을 만들어가는 데 도움이 됩니다.

정신과 의사는 당신에게 관심이 없다

- 마음의 힘을 키우는 명상과 한의학 -

마치며:
모든 것은
총명장수를 위해

마치며

모든 것은 총명장수를 위해

왜 이렇게 매일매일 정신적 스트레칭을 해야 하며, 간단하게 신경정신과 약물치료를 선택하지 않고, 자기 자신을 활성화시키는 노력과 상대적으로 복잡한 한의학 치료를 받아야 할까요? 이런 과정을 통한 최종적인 목표는 '총명한 장수'입니다.

우울증이나 수면장애 등은 그 자체로서 당시의 인지기능을 저하시키지만, 오랜 기간 앓게 되면 치매로 진행될 가능성을 증가시킵니다. 특히 노년의 우울증이나 수면장애는 더 위험한데, 노년의 우울증과 수면장애 또한 그분이 평생 동안 살아왔던 생활방식과, 기초 건강에 영향을 받기 때문입니다. 이제는 누구나 오래 살 수 있습니다.

장수의 원인을 의학의 발전에서 찾기도 하고, 공중위생의 보편화에서 찾기도 하며, 어렸을 때의 영양 상태에서 찾기도 합니다. 또한 과거의 사람들보다 험한 일, 육체적으로 힘든 일을 덜하기 때문이라고도 합니다. 이렇게만 된다면 누구에게나 건강하고 행복한, 인류가 익숙하고 잘 대처할 수 있는 세상이 되었다고 볼 수 있습니다.

그러나 1970년대 이후로 더 큰 변화가 닥쳐오고 있습니다. 바로 IT 산업의 발달이며, 이동통신의 발달이 그것을 실체화시키고 있습니다. 현재의 인류는 과거 어느 때보다 두뇌를 더 많이 사용하고 있는 중입니다. 과거의 사람들이 생각이 없었던 것은 아니지만, 몇 가지의 제한된 정보를 조합해서 깊이 있는 통찰 위주의 생각을 했다면, 현재는 너무 많은 종류의 다양한 정보들을 빨리빨리 처리하는 데에 내몰리고 있습니다.

과거의 산업은 근육을 주로 사용하는 것이었다면, 즉 '육체를 관리하는 뇌'를 주로 사용했다면, 요즘의 산업은 주로 두뇌를 사용하는 것입니다. 상대적으로 '생각'을 만들어내는 뇌를 예전보다 훨씬 더 많이 사용하고 있습니다. 거기에 더한 문제는, 그 변화의 속도가 너무 빠르다는 것입니다. 우리는 적응을 재촉받고 있습니다.

그래서 인간의 두뇌와 신경은 과부하에 걸리고 있습니다. 더구나 아직 인간의 생물학적 두뇌 체계는 지적인 정보처리기능과 생체유지기능, 감정기능을 분리해내지 못하고 있어서, 전혀 위협적인 상황이 아닌 데에도 불구하고, 정보를 접했다는 것만으로도 신체는 생명에 위협을 받는 것처럼 직접적인 스트레스를 겪고 있

습니다. 영장류의 뇌를 자극했는데 파충류의 뇌까지 같이 힘들어
지는 상황입니다. 그런 시점에서 신경계에 문제가 있는 상태로
오래 살아간다는 것은, 파손된 배를 임시로 수리한 채로 먼 대양
을 항해해나가는 것과 같습니다.

당연히 통계로도, 현재 65세 이상 노년층의 경우 약 10퍼센트
가 치매에 걸려 있습니다만, 여기서 학력이 낮을수록 치매 확률
이 1.6배 늘어나고, 우울증의 경우 3배가 늘어납니다.

누가 걸릴지를 정확히 지적할 수는 없지만, '정, 기, 신'의 활성
도가 약해진 상태, '정, 기, 신'의 균형이 무너진 상태로 인생을
살아간다는 것은 치매에 걸릴 확률이 높아진다는 것을 부정할 수
는 없을 듯합니다. 오래오래, 총기를 유지하면서, 질병 없이 신체
의 온전한 작동 상태를 유지하면서 살아가는 것, 그것이 목표가
됩니다.

총기가 흐려진다는 것은 뇌 기능이 저하되는 것으로, 뇌는 육
체를 조절하는 기능, 감정을 소통하는 기능, 총기에 해당하는 기
능이 뚜렷하게 계통이 나뉘어져 있지 않습니다. 총기가 흐려진다
는 것은, 내부의 세포 간 협업작용과 내장 간 협업기능이 부조화
스럽고 효율이 떨어지는 상태라는 것을 의미합니다. 육체라는 시
스템을 관리, 조절하는 기능이 최적화되어 있지 않다라는 것을
알 수 있습니다.

전체적인 육체의 역량이 천천히 감소한다면, 신체는 생명에 필수적인 부분을 우선시하고, 덜 필수적인 부분에서는 에너지 활동을 줄여나가게 됩니다. 당장에도, 육체적 위협을 받게 되면, 이성과 감정이 차단되고, 오직 육체의 안전만을 위한 본능적 의식만 움직이게 됩니다. 만약 오랫동안 육체적 안전이 위협을 받게 되는, 그런 소모적인 상황이 지속되면 어떻게 될까요? 바로 육체적 활동의 안정성만이 우선시되는 그런 과정을 통해서 의식 없이 장기간 투병하는 사람이 될 가능성이 높습니다.

과거 근육노동이 혹독했을 때에는 뼈와 근육의 노화가, 장수하는 데에 심각한 문제였다면, 이제는 두뇌와 신경, 그리고 심장의 문제가 장수하는 데에 중요한 변수가 되고 있습니다. 지금도 병원에는 의식이 흐려진 채 각종 시술과 생명 유지 장치에 의존한 채 살아만 계시는 분들이 많이 있습니다. 이런 분들은 두뇌의 생명 유지 기능만 간신히 작동하고 있는 상태이며, 그 외의 에너지가 많이 소모되는 의식의 기능은 이미 저하되어 있다고 보겠습니다.

노년에도 깨끗한 의식, 즉 총명함을 유지하려면, 전체적인 인간, 즉 육체와 감정과 정신의 에너지 밸런스가 유기적으로 잘 유지되어야 하며, 그러기 위해서는 이 '정, 기, 신'의 순환이 막히지 않도록 일종의 스트레칭이 꼭 필요합니다. 일상에서 매일매일 쌓이는 의식과 감정의 찌꺼기들이 두뇌와 신경의 패턴을 혼란스럽게 한다면 전체적으로 육체와 감정과 정신의 서로 보완하고 순환하는 기능이 굳어지게 됩니다.

이런 정신적 노화를 방지하는 데에, 자신의 눈을 바라보는 명상이 도움이 됩니다. 매일매일의 두뇌의 정화는 신체를 다시 재조정하는 데에 도움이 되며, 이는 총명장수의 기본이 됩니다. 그러고도 정신적·신체적 컨디션이 회복이 되지 않는다면, 당장의 고통은 신경정신과의 화학적 약물치료를 통해 부담을 덜더라도, '총명장수'라는 삶의 필수적 조건을 달성하기 위해서는 꼭 자신을 다시 활성화시키는 방법을 찾아야 합니다.

그것이 한의학적 치료일수도 있고, 명상일수도 있고, 또 본인에게 맞는 고유한, 개성적인 어떤 것일 수도 있겠습니다만, 어쨌든 자신의 미래는 자신이 책임져야 하며, 목표는 높이 잡아야 하고, 포기하지 않아야 한다는 것은 뚜렷합니다.

자신보다 자신의 증상에 대해 더 관심 갖고 관찰할 수 있는 사람이 없다는 사실을 항상 인지하고, 여러 정신과 약이나 치료는 보편적인 대증적인 치료가 될 수도 있다는 사실을 알게 된다면 더욱 더 적극적으로 자신을 믿고 주체적으로 치료를 해나갈 수 있습니다.

결국 상황을 용기 있게 살펴보는 것이 제일 중요하고, 여러 전문가들의 도움을 참조하여 증상을 완화시키고 자신을 강화시켜 나가려는 꾸준한 노력이 필요합니다. 헬스클럽에서 트레이너는 전문가이긴 하지만, 본인이 주체적 의지를 내지 않으면 변화는 잘 일어나지 않는 것과 같은 이유입니다.

더구나 마음이 약해지는 이런 증상을 가지게 되면 보통사람들보다 더 주체적으로 되기 힘들어지게 됩니다. 그러니 대중적인 치료제인 약물은 급한 순간에만 도움을 받고, 점차적으로 자립해 나갈 수 있는 힘을 키워야 합니다.

명상을 함에 있어서도 명상가가 되어야 하지, 몽상가가 되어서는 안됩니다. 몽상가와 명상가의 차이점은 몽상가는 상상력이 풍부하고 창의적으로 일을 잘 시작하지만, 명상가는 삶에 자신의 뿌리를 내리는 힘이 있습니다. 명상가는 삶에 녹아 몸과 마음에 깊숙이 이해되는, 삶을 녹여 몸과 마음에 깊숙이 이해시키는 삶의 순례자입니다.

현실에서의 명상가는 여러 혼탁함 속에서도 더 뚜렷이 참의미를 구별하면서 앞으로 전진하는 삶을 꾸준히 살아가는 사람입니다. 하루하루 소중하고 아름다움을 잃지 않으며 도망가지도 피하지도 않고, 좋은 바람도 무서운 비바람도 잘 경험하며 진화하고, 그 안에서 실행력을 키우면서 살아가다 보면 밟아가는 그 길이 꽃길로 변하게 됩니다.

지난 시간을 살펴보면 명상을 하면서도 오히려 현실에 뿌리를 내리지 못하는 몽상가가 되는 경우를 종종 보아왔습니다. 현실에 뿌리를 내리지 못하게 되면, 자신의 삶을 스쳐지나가는 식으로 살아가게 됩니다. 기차에서 창 밖으로 지나가는 풍경을 보는 것처럼, 자신의 삶을 그런 식으로 살아갑니다. 자신이 인생을 관조적으로 바라볼 수 있게 되었다고 하지만, 이런 사람들에게는 현재란 존재하지 않고, 항상 의식이 과거와 미래 그 어딘가를 왔다 갔다하고 있습니다.

　우리의 최종 목표는 생생하고 활기 넘치며 높은 목표를 가지고 지치지 않는 삶을 오래 사는 것입니다. 그리고 총명해야, '신'이 살아있어야 삶에 뿌리를 내릴 수가 있습니다.

　무병장수가 아니라 '총명장수'를 목표로 해야 합니다.

　그리고 이 책은 그 많은 방법들 중에 '하나'일 뿐입니다. 많은 부분이 아니라.

　감사합니다.

정신과 의사는 당신에게 관심이 없다

초판발행	2021년 6월 4일
중판2쇄발행	2021년 7월 2일
지은이	곽병준
펴낸이	노 현
표지디자인	박현정
제 작	고철민 · 조영환
펴낸곳	㈜ 피와이메이트
	서울특별시 금천구 가산디지털2로 53 한라시그마밸리 210호(가산동)
	등록 2014. 2. 12. 제2018-000080호
전 화	02)733-6771
f a x	02)736-4818
e-mail	pys@pybook.co.kr
homepage	www.pybook.co.kr
I S B N	979-11-6519-152-8 03180

정 가   15,000원

박영스토리는 박영사와 함께하는 브랜드입니다.